Slaveiko Gospodinov

Fundamentos da geoinformática aplicada

Slaveiko Gospodinov

Fundamentos da geoinformática aplicada

ScienciaScripts

Imprint
Any brand names and product names mentioned in this book are subject to trademark, brand or patent protection and are trademarks or registered trademarks of their respective holders. The use of brand names, product names, common names, trade names, product descriptions etc. even without a particular marking in this work is in no way to be construed to mean that such names may be regarded as unrestricted in respect of trademark and brand protection legislation and could thus be used by anyone.

Cover image: www.ingimage.com

This book is a translation from the original published under ISBN 978-620-7-46048-9.

Publisher:
Sciencia Scripts
is a trademark of
Dodo Books Indian Ocean Ltd. and OmniScriptum S.R.L publishing group

120 High Road, East Finchley, London, N2 9ED, United Kingdom
Str. Armeneasca 28/1, office 1, Chisinau MD-2012, Republic of Moldova, Europe
Printed at: see last page
ISBN: 978-620-8-28270-7

Conteúdo

Introdução

A geoinformática tem por objetivo o desenvolvimento e a aplicação de métodos para o estudo de objectos e fenómenos espaciais. A geoinformática está intimamente relacionada com várias ciências e desenvolve-se com base na interação com essas ciências. A geoinformática estuda processos, fenómenos e sistemas espaciais e temporais na superfície da Terra e no espaço próximo da Terra. A geoinformática visa o desenvolvimento e a aplicação de métodos para o estudo de objectos e fenómenos espaciais. A geoinformática está intimamente relacionada com várias ciências e desenvolve-se com base na interação com essas ciências. As direcções do desenvolvimento da geoinformática são apresentadas na Fig.1

Fig.1. Direcções do desenvolvimento da geoinformática

As principais vertentes da geoinformática são a "geoinformática geral" [1], "geoinformática aplicada" [2, 3] e a geoinformática como indústria [4]. A geoinformática geral desenvolve-se em duas direcções: a geoinformática como ciência do espaço [5, 6] e a geoinformática como integração das ciências da terra [7-9]. A geoinformática geral é uma secção da geoinformática que se ocupa da investigação e do desenvolvimento dos fundamentos científicos, do conceito e da análise generalizada da geoinformática e dos sistemas de informação geográfica. A geoinformática aplicada resolve problemas aplicados e estuda sistemas aplicados, incluindo sistemas geotécnicos/
A geoinformática aplicada moderna e a informática aplicada [10] são importantes para a resolução de problemas aplicados. A geoinformática está relacionada com as ciências cognitivas, a modelização matemática, a lógica matemática, a linguística, a semiótica, a teoria da informação, a teoria do controlo situacional, os sistemas de inteligência artificial com metamodelização e a teoria dos sistemas. A geoinformática moderna utiliza modelos de espaço de informação e de campo de informação.
Existem muitas definições de geoinformática. Uma das definições fundamentais é dada na enciclopédia [4]. A geoinformática [4] é entendida como um

complexo científico e técnico que combina, com o mesmo nome, o ramo do conhecimento científico, a tecnologia e as actividades aplicadas associadas à recolha, armazenamento, tratamento e visualização de dados espaciais, bem como à conceção, criação e funcionamento dos SIG. São muitos os trabalhos dedicados aos problemas da geoinformática [11-24].

Podemos falar de dois grupos de tarefas principais resolvidas pela geoinformática: desenvolvimento de modelos que formam uma imagem do mundo; conceção, desenvolvimento e manutenção de sistemas, modelos, projectos noutras áreas científicas. O principal sistema de informação em geoinformática é um sistema de informação geográfica (SIG). No entanto, não exclui a utilização de outros sistemas.

A geoinformática moderna caracteriza-se pela aplicação de métodos de inteligência artificial [25] e de SIG inteligentes [26]. A tendência para a emergência e o desenvolvimento de "cidades inteligentes" também afecta as tecnologias de gestão imobiliária e a teoria da gestão. As cidades inteligentes utilizam métodos de inteligência artificial, a geoinformática e a teoria da gestão. Os sistemas de transporte inteligentes são amplamente utilizados na gestão dos transportes [27], que também estão relacionados com a geoinformática aplicada. A geoinformática aplicada moderna dispõe de recursos de geoinformação [28] que podem ser utilizados na gestão

O desenvolvimento harmonioso e sustentável da sociedade moderna é inseparável da utilização eficaz dos recursos de informação e geoinformação para satisfazer as necessidades da população. A otimização dos recursos é importante e complexa do ponto de vista do desenvolvimento sustentável.

1. A geoinformática no sistema das ciências
1.1. Informática e geoinformática

A geoinformática e a informática [29] podem ser comparadas entre si e com outras ciências para realçar as diferenças e semelhanças entre elas. É útil comparar a abordagem da informação e a abordagem da geoinformação como ferramentas diferentes para explorar o mundo que nos rodeia.

A informática teve origem na ciência da programação (ciência dos computadores) e na ciência do processamento da informação [30]. O termo "informática" surgiu na década de 1960, em França, para designar o domínio do tratamento automático da informação, como uma fusão das palavras francesas information e automatique [31].

A informática é interpretada [31] como a ciência de como obter, acumular, armazenar, transformar, transmitir, proteger e utilizar a informação. Simultaneamente, o termo "informação" não foi associado a nenhuma área temática, mas é uma generalização da informação como *objeto de processamento* informático. Durante muito tempo, este termo foi utilizado como alternativa ao termo programação.

O objeto da investigação informática são os métodos de tratamento da informação, os modelos informáticos, os algoritmos de análise e de cálculo - independentemente do domínio de utilização desta informação. Deve sublinhar-se que a informática se ocupa do tratamento da informação e não da teoria da informação. Deste ponto de vista, a informática é um intermediário entre a matemática e a lógica, por um lado, e as ciências aplicadas, por outro. Surgiu e desenvolveu-se como uma ciência do tratamento da informação sem ter uma aplicação *própria*. A figura 1.1 mostra a relação entre a informática e as outras ciências. A aplicação da informática em qualquer domínio baseia-se na *especialização* da informática nos métodos, tarefas e dados dessa área temática. Como resultado dessa especialização, surge a informática específica dessa área temática (Fig. 1.1).

A especialização da informática surge com base na *adaptação da* informática em relação à área temática. Neste caso, o vetor da informática especializada muda. O principal objetivo não é o processamento de informação (dominante na informática), mas a resolução de problemas da área temática utilizando a informática.

Fig.1.1 A informática e a sua inter-relação com outras ciências

Qualquer informática especializada é, em primeiro lugar, a solução de problemas especiais da área temática (por exemplo, medicina ou biologia) e, em segundo lugar, apenas o processamento de informação. Na informática, os dados são processados. A aplicação de dados em informática é mostrada na Fig.1.2. Os dados da área temática são transformados em modelos da área temática. Como resultado, têm uma especificidade que reflecte as caraterísticas desta área temática.

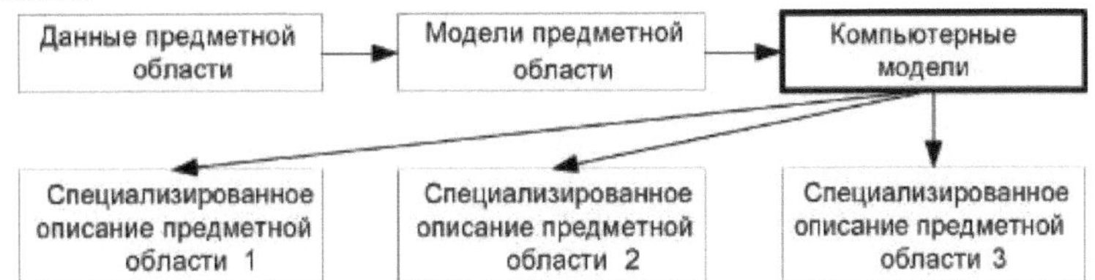

Fig.1.2 Dados em informática como ferramenta para descrever diferentes áreas temáticas

Para processar os modelos da área temática, estes são transformados em modelos informáticos, que são utilizados na informática. Para a informática, todos os dados são equivalentes, representam um conjunto da forma $D(A1, A2, A3,.... An)$. Aqui D - dados, A - grupos de dados qualitativamente homogéneos. Como resultado do processamento, obtêm-se *conjuntos especializados de dados* como uma descrição de objectos, fenómenos e processos para cada área temática. O paradigma da aplicação da informática reflecte-se na cadeia de

Dados sobre o assunto Modelos sobre o assunto ^■ Modelos informáticos Conjuntos de dados especializados

Ao contrário da informática, a geoinformática surgiu com base em duas direcções: integração das ciências da Terra (geo); métodos de processamento da informação (Fig. 1.3). A necessidade objetiva de integração das ciências da Terra: geodesia, fotogrametria, cartografia, deteção remota da Terra - existia há muito tempo, independentemente da informática.

A informática foi o elo computacional de ligação da integração das ciências na geoinformática. A base da integração tecnológica da geoinformática foi a tecnologia CAD, enquanto sistema de processamento gráfico, camada a camada, da informação das ciências da Terra. Assim, tornou-se possível integrar as ciências da Terra num sistema unificado de ciências. Este *sistema integrado de ciências* da Terra é designado por geoinformática.

Notemos a primeira diferença importante entre a aplicação da informática e a aplicação da geoinformática. Nas áreas temáticas, a informática é aplicada como uma ferramenta de especialização. A geoinformática é aplicada como uma ferramenta de integração. A informática especializa o processamento, enquanto a geoinformática integra tecnologias e métodos de processamento de uma variedade de informações num único sistema tecnológico.

Juntamente com a geoinformática, existe a informática em geodesia, a informática em geologia, a informática em fotogrametria e a informática em cartografia. Mas, ao contrário da geoinformática, estas são ciências especializadas que foram criadas com base na diferenciação de métodos de processamento, enquanto a geoinformática foi criada com base na integração de dados, métodos e tecnologias [7, 8, 32].

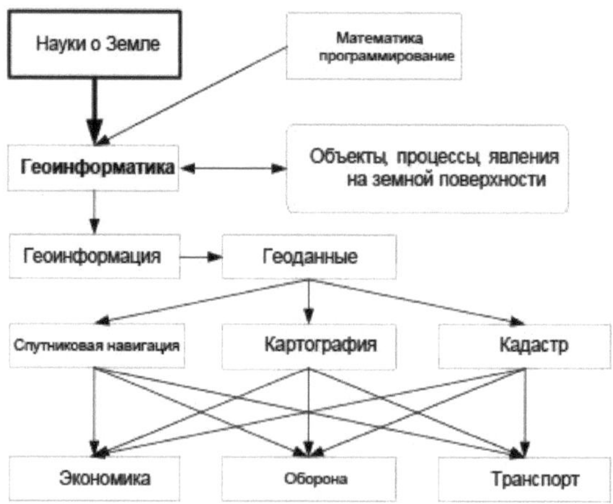

Fig.1.3 A Geoinformática e a sua relação com outras ciências

É interessante comparar a aplicação da topologia na geoinformática e na informática. Na informática, a topologia é aplicada no aspeto algorítmico como ferramenta de análise dos fluxos de informação. Na geoinformática, a topologia é aplicada no aspeto algorítmico como ferramenta de tratamento da geoinformação e no aspeto espacial como ferramenta de análise espacial.

Os dados em informática são recolhidos pelas ferramentas da área temática em que são aplicados. Em informática, os dados são dados especializados, destinados a resolver problemas especializados apenas nessa área temática. Por exemplo, a informática em geodesia destina-se a resolver problemas no domínio da geodesia utilizando sistemas de informação e tecnologias da informação e não resolve problemas no domínio da cartografia, fotogrametria, levantamento espacial, cadastro, monitorização do território, etc.

A recolha de geodados em geoinformática é efectuada através de uma vasta gama de tecnologias diferentes: fotogrametria aérea e terrestre, geodesia, GNSS, métodos espaciais, cartografia, geoestatística, estatística, etc. Na geoinformática, existe uma grande variedade de dados primários que são pré-processados. O pré-processamento é efectuado no domínio da geoinformática. Inclui a unificação de vários dados, a correção por métodos de geoinformática e a integração de dados num único ambiente, a introdução de topologia e ligações associativas.

Os dados geoinformáticos utilizados no tratamento são dados integrados destinados a serem utilizados em diferentes domínios. Por exemplo, os dados integrados no SIG permitem resolver problemas no domínio da cartografia, da fotogrametria, das imagens espaciais, no domínio do cadastro, da ecologia, etc.

1.2. Geodesia, geoinformática e geometria

A geoinformática está relacionada com a geodesia e a geometria. A geodesia permite recolher informações em geoinformática utilizando métodos geodésicos. A geometria permite efetuar a modelação espacial em geoinformática para formar conhecimento espacial.

Para começar, é necessário fazer uma análise da relação entre a geodesia e a geometria. Um facto bem conhecido é a transformação de "geometria" e "geodesia". O termo "geometria" (geo - Terra, metrio - medida) significa a medição da Terra, "geodesia" significa a divisão da Terra [4]. Esta interpretação orientou a geodesia para a solução de tarefas cadastrais. Inicialmente, partiu-se do princípio que a geometria resolveria os problemas de medição da superfície terrestre, ou seja, aqueles que a geodesia resolve atualmente. Por este motivo, foi criada em Paris, em 1878, uma federação internacional denominada Federation Internationale des Geometres (FIG). Isto traduz-se como a federação internacional dos geómetras.

Atualmente, as universidades estrangeiras continuam a formar especialistas com a qualificação de "geómetro". Em comparação com os especialistas russos, estes geómetras desempenham funções de topógrafos e não têm qualquer relação significativa com o desenvolvimento da matemática e da geometria.

Com o passar do tempo, deu-se uma transformação - a geometria tornou-se uma secção da matemática e uma ciência teórica. A geodesia tornou-se uma ciência prática relacionada com a medição e o estudo da superfície terrestre e o estudo de técnicas espaciais do espaço real. É por isso que, atualmente, em fontes estrangeiras e russas, a FIG é designada por Federação Internacional de Agrimensores. As abreviaturas coincidem, mas a essência é diferente. No entanto, a ligação entre geometria e geodesia existe e deve ser tida em conta quando se analisa o conceito de geodesia e as tarefas da geodesia enquanto ciência.

O desenvolvimento da geodesia. O livro de Vanicek "Geodesia: Conceitos" apresenta um estudo aprofundado do desenvolvimento da geodesia [33]. O autor refere que os primeiros trabalhos geodésicos foram realizados nos tempos dos Sumérios, na China Antiga, no Egito Antigo, na Grécia Antiga e no Império Romano. É de notar que a literatura nacional menciona trabalhos geodésicos do Antigo Egito e da Roma Antiga, mas não fala de trabalhos geodésicos na China Antiga, onde foram realizados mais cedo e utilizaram métodos específicos e instrumentos de medição especiais. O desenvolvimento da navegação revelou a necessidade de determinar a forma da Terra. Esta tarefa foi resolvida pelos métodos da astronomia e da geodesia. No processo de fabrico de instrumentos geodésicos, surgiu a ligação entre a geodesia e outras ciências: física, ótica, matemática. É de notar que, no estrangeiro, a geodesia é considerada como uma secção da matemática aplicada. Na Rússia, estas ciências estão separadas.

Geometria. Como ramo da ciência, a geometria é atualmente um ramo da matemática que estuda as estruturas espaciais e as relações espaciais [34-37]. A geometria estuda a disposição mútua dos corpos, que também estuda o conhecimento do espaço [38-41].

A geometria euclidiana estuda as figuras no plano e no espaço e calcula as suas áreas e volumes. A geoinformática faz o mesmo, com base em métodos geométricos. O método das coordenadas proposto por Descartes em 1637 constituiu a base da geometria analítica e da geometria diferencial, e os problemas associados ao desenho levaram à criação da geometria descritiva e da geometria projectiva. Em geoinformática e geodesia, o método das coordenadas serve de base à criação de suportes de coordenadas [42-44].

A geometria diferencial e a topologia diferencial são dois ramos afins da matemática que estudam as variedades suaves. Têm muitas aplicações em geoinformática. Na topologia diferencial, consideram-se estruturas que têm vizinhanças idênticas para qualquer par de pontos. Na geometria diferencial, podem existir invariantes locais (curvatura) que variam nos pontos. A curvatura é explorada em modelos espaciais em geoinformática.

Vale a pena mencionar a linguagem da agregação espacial [45], que desenvolve as ideias da geometria no domínio das relações espaciais abstractas. Descreve a disposição mútua dos corpos, que se exprime através do contacto ou da adjacência, pela disposição "entre", "dentro". A teoria da geometria baseia-se em abstracções e formas abstractas. Distingue-se entre corpos pontuais, moldados, de área e de volume. Esta divisão é utilizada em geoinformática. Serve de base para a classificação dos modelos de geoinformação. Podemos falar do desenvolvimento das ideias da geometria na geoinformática.

Não existe terra (geo) nem medidas de terra na geometria moderna. Trata-se de uma ciência matemática, apesar da parte "geo". O conteúdo de qualquer ciência, incluindo a geometria e a geodesia, é determinado não com base no seu nome original, mas com base nos problemas que resolve. No caso da geometria, trata-se de problemas matemáticos. No caso da geodesia, a situação é semelhante. Muitas interpretações da geodesia excluíram durante muito tempo a sua segunda parte "divisão". Surgiram a geodesia espacial e a geodesia por satélite.

Os conceitos comuns à geoinformática, à geometria e à geodesia são: estudo do espaço, estudo das relações espaciais, estudo das formas espaciais, estudo da disposição mútua dos corpos.

Existem diferenças. A geometria estuda os espaços abstractos, a geodesia estuda o espaço real, a geoinformática estuda os espaços abstractos e reais. As medições geodésicas contêm erros. A informação em geoinformática contém erros

A geodesia inclui a geometria euclidiana como base matemática. A geoinformática inclui a geometria euclidiana como base matemática e inclui também a geometria diferencial e a topologia diferencial. O tratamento de erros é um ramo da teoria das probabilidades que faz parte do objeto de estudo da geodesia e da geoinformática.

O desenvolvimento da geodesia permite-nos afirmar o seguinte. Os métodos da geodesia são aplicáveis no satélite natural da Terra - a Lua, em Marte, num pequeno corpo celeste. A área de aplicação da geodesia é muito mais vasta do que a superfície da Terra. É aplicável em todos os corpos celestes sólidos e a Terra é um desses corpos. Existe a geodesia espacial [46-48], a astronomia geodésica [49-52] e a geodesia por satélite [53]. Existe a geoinformática espacial [54, 55].

Por conseguinte, não há razão para associar a geodesia e a geoinformática apenas à Terra. O domínio de aplicação da geodesia [56] e da geoinformática é o espaço real. A geodesia e a geoinformática são ciências do espaço. Podem explorar o espaço terrestre, o espaço próximo da Terra, o espaço subterrâneo e o espaço de qualquer planeta.

1.3. Os sistemas geotécnicos como objeto de investigação geoinformática

A particularidade de muitas direcções científicas e aplicadas é a utilização do conceito de "sistema geotécnico" (SGE) de forma significativa e linguística [57-

59]. Tendo em conta os conceitos modernos de sistemas e de sistemas complexos, várias interpretações do conceito de sistema geotécnico não correspondem aos conceitos modernos e são contraditórias. Isto é particularmente importante para a geoinformática e para a geoinformática dos transportes. O conceito de sistema geotécnico está associado ao conceito de objeto geotécnico e de monitorização geotécnica, cujo âmbito é mais vasto do que o conceito de sistema geotécnico. Por conseguinte, convém analisar a representação moderna do sistema geotécnico e introduzir o conceito de sistema geotécnico, que não contradiz os já introduzidos, mas os complementa.

As primeiras definições do conceito de sistema geotécnico (SGE) foram introduzidas por especialistas da geografia e da ecologia, isoladas dos conceitos de análise de sistemas e de sistema complexo. Por exemplo, a BSE [60] fornece uma definição com um contexto geográfico. Destacamos os pontos essenciais.

1. "SISTEMA GEOTÉCNICO, uma classe geográfica especial de sistemas técnico-naturais".

2. Afirma-se ainda que os objectos naturais e de engenharia no SH estão interligados e funcionam como um todo.

3. O GTS é um sistema aberto.

4. A seguinte lista heterogénea [61] é incluída como exemplos de HTS: paisagens, instrumentos meteorológicos, instrumentos hidrológicos, naves espaciais tripuladas e outros.

5. A informação sobre o estado dos subsistemas GTS é parte integrante da monitorização geoecológica.

6. "Os processos naturais nas paisagens são frequentemente determinados pelo funcionamento do sistema geotécnico."

Decorre do n.º 4 que o veículo espacial e o instrumento meteorológico se enquadram na mesma gama tipológica

Decorre dos n.ºs 1 e 4 que o veículo espacial e o instrumento meteorológico pertencem a uma classe geográfica

O ponto 5 relaciona o GTS apenas com a monitorização geoambiental. Trata-se de uma abordagem muito restrita, uma vez que, para além da monitorização ambiental, existem outros tipos de monitorização que investigam os sistemas geotécnicos: geomonitorização, monitorização da geoinformação, monitorização do espaço, monitorização geotécnica e outras.

Ligar uma nave espacial a uma classe geográfica é bastante ousado. A Lua tem mais razões para estar ligada à Terra do que uma nave espacial. Uma nave espacial é montada na Terra. Depois deixa a superfície da Terra e entra no espaço próximo da Terra. Do espaço próximo da Terra, pode viajar para o espaço sublunar e para além da Lua. Uma nave espacial pode viajar para Marte ou para outros planetas e mesmo para além do sistema solar. Por conseguinte, é incorreto relacioná-la com a classe dos sistemas geográficos. No entanto, independentemente da sua localização, uma nave espacial pode ser considerada um sistema geotécnico. É de origem terrestre e foi criado por mãos humanas.

Muitas definições consideram os SH como uma "classe geográfica" especial de sistemas técnico-naturais. Isto não se aplica a todos os sistemas. Por exemplo, uma paisagem pode ser natural (natural) e artificial (com elementos antropogénicos). Ambas as paisagens são sistemas geográficos. No entanto, o aparecimento do termo antropogénico em vez de técnico é importante neste raciocínio. Há paisagens que não são sistemas geotécnicos. Por exemplo, a paisagem de Marte não é um sistema geográfico. É um sistema natural marciano.

O termo sistema geotécnico não tem necessariamente de ser associado apenas a sistemas técnicos. Existe um conceito de designação de objeto e um conceito de significado de objeto. A designação nem sempre coincide exatamente com o significado. Muitos termos não são entendidos literalmente, mas com um determinado significado. Por exemplo, os conjuntos difusos não são difusos, mas sim probabilísticos. O termo "linha de regressão" em matemática denota não só o processo de regressão, mas também o processo de progressão ou a ausência de ambos.

Por conseguinte, o termo "sistema geotécnico" deve ser interpretado com base no seu conteúdo semântico moderno e na designação dos objectos ou sistemas aos quais este termo é aplicado. Consideremos a relação entre os conceitos de sistema e de agregado.

O Dicionário de Geografia define um sistema geotécnico como "*um conjunto de objectos naturais e de estruturas técnicas*" que "estão em estreita cooperação". Esta definição não contém caraterísticas ou atributos sistémicos de um sistema.

Os sistemas geotécnicos [61-66] são uma realidade objetiva do mundo circundante. Existe a engenharia geotécnica [67, 68], a modelação geotécnica [69], os modelos geotécnicos [70]. Apesar do grande número de estudos, os sistemas geotécnicos ainda não foram sistematizados. Os sistemas geotécnicos têm sido mais investigados em engenharia geotécnica, geologia, ecologia [71], extração de recursos naturais [72] e proteção do ambiente. Os sistemas geotécnicos servem de base para a obtenção de conhecimentos espaciais e geo-conhecimentos [73, 74]. No entanto, com o advento da geoinformática e o desenvolvimento da teoria dos sistemas complexos, os sistemas geotécnicos passaram a ser vistos de uma perspetiva diferente. Os sistemas geotécnicos são investigados no domínio da inteligência artificial [75].

Duas direcções de desenvolvimento dos sistemas geotécnicos. Em geologia e ecologia, o conceito de sistema geotécnico (SGE) foi tratado como um sistema técnico-natural (STN) [76-78]. Neste domínio, um sistema geotécnico é um conjunto de estruturas de engenharia e a parte associada do ambiente geológico na zona de influência que tem limites claros. Neste aspeto, o ambiente geológico ou ecológico é considerado em interação com as estruturas de engenharia como uma parte do sistema global. O paradigma desta abordagem é o seguinte

Parte do ambiente + estruturas de engenharia

sistema técnico natural

. (1)

O principal neste paradigma é a ligação e a interação das partes e das estruturas [79]. A questão da integridade das GTS foi posta de lado. O principal objetivo deste paradigma é a geotecnia. A geotecnia investiga a formação do solo, a classificação e a investigação da variabilidade do solo, a resistência e a deformação das estruturas de engenharia, o fluxo de água através da massa do solo, o assentamento e a compactação do solo, as estruturas de retenção, a estabilidade dos taludes, as fundações e o tratamento do solo para fins de engenharia. Os sistemas geotécnicos deste tipo podem ser designados por GTS1. Do ponto de vista da análise de sistemas [80], se o GTS é um sistema, é um tipo de sistema complexo. Neste caso, enquadra-se na gama tipológica dos sistemas complexos, juntamente com os sistemas de dados [81], os sistemas organizacionais [82], os sistemas tecnológicos [83, 84], os sistemas técnicos [85], os sistemas organizacionais e técnicos complexos [86] e os sistemas cibernéticos. O paradigma desta abordagem é o seguinte

Sistemas artificiais + ambiente externo sistema geotécnico (2)

O principal neste paradigma são as ligações [87] e a integridade do sistema. O principal neste paradigma são as relações e a integridade do sistema e as interações entre uma parte do ambiente e o seu ambiente no aspeto da dinâmica do desenvolvimento do GTS e a sua influência em todo o ambiente. O segundo paradigma está mais relacionado com a geoinformática do que com a geologia ou a geodinâmica. Este facto abre uma série de oportunidades para o GTS. As tecnologias geoinformáticas são utilizadas no apoio à decisão [88]. Os SIG estão a ser utilizados para estudar o GTS [89]. Este facto cria oportunidades de gestão para os GTS baseados em SIG. Os sistemas geotécnicos deste tipo podem ser designados por GTS2

A comparação do GTS com um sistema complexo exige a introdução de um indicador de complexidade. Este indicador é a categoria geotécnica. É definida como uma categoria de complexidade de um objeto de engenharia no aspeto da fundação e do projeto de fundação. Um fator importante é a monitorização geotécnica [91, 90], que é considerada como um tipo de geomonitorização [92, 93]

O ambiente construído funciona como uma interface dinâmica através da qual a sociedade humana e o ecossistema interagem e se influenciam mutuamente.

Compreender esta interdependência é fundamental para compreender a sustentabilidade no que se refere à engenharia civil. Existe um consenso crescente de que a garantia de um ambiente construído sustentável começa com a incorporação de ideias de sustentabilidade nas fases de planeamento e conceção de um projeto de construção de infra-estruturas. A engenharia geotécnica pode ter um impacto significativo na sustentabilidade do desenvolvimento de infra-estruturas devido à sua posição inicial no processo de construção. A engenharia geotécnica constitui a base para o desenvolvimento de infra-estruturas civis sustentáveis. Exemplos de GTS1 são as barragens de rejeitos, as pedreiras e as minas de depósitos minerais. O seu principal objetivo é interagir corretamente com a natureza. Exemplos de GTS2 são pontes ferroviárias, barragens, metropolitanos, vias férreas. O seu principal objetivo é resolver um problema técnico ou tecnológico, minimizando o impacto na natureza.

Aplicações da informática e da geoinformática em GTS. O GTS é investigado no âmbito da informática aplicada e da geoinformática aplicada. O GTS pode ser considerado como um sistema aplicado [94]. A base para a recolha de informação sobre GTS é a geomonitorização, que assenta na monitorização geoinformática [95]. A abordagem semiótica [96, 97] e o método das unidades de informação [98] são utilizados para construir modelos espaciais para o GTS. A base do processamento em geomonitorização são os geodados [99, 100]. Os modelos de fixação de factos são formados com base em dados primários. Os geodados temáticos contêm caraterísticas geotécnicas. Os geodados permitem a generalização, o que possibilita a metamodelação [101].

O advento da era dos grandes dados [102-107] trouxe desafios adicionais à GTS. Levou à investigação no domínio da inteligência artificial (IA). Os algoritmos de IA caracterizam-se por poderosas capacidades de aprendizagem de caraterísticas e expressões em comparação com os métodos tradicionais de aprendizagem automática (ML), o que tem atraído investigadores de todo o mundo de diferentes domínios para a sua crescente aplicação. Além disso, no domínio da engenharia geológica, a IA tem sido amplamente aplicada em várias áreas de investigação. Foram elaborados quatro algoritmos principais, incluindo a rede neural feedforward (FNN), a rede neural recorrente (RNN), a rede neural convolucional (CNN) e a rede adversária generativa (GAN), juntamente com as suas aplicações geotécnicas [107]

A engenharia geotécnica trata dos solos e das rochas e da sua utilização em estruturas de engenharia. Pela sua natureza, os solos e as rochas apresentam um comportamento complexo e elevados níveis de incerteza na modelação dos materiais. Os métodos de Inteligência Artificial (IA) têm sido desenvolvidos e utilizados por um número crescente de investigadores em engenharia geotécnica nas últimas três décadas. Estes métodos são considerados bem sucedidos devido à sua capacidade de prever relações não lineares complexas. O artigo [108], baseado em mais de mil fontes bibliográficas, apresentou uma revisão pormenorizada da eficácia dos métodos e algoritmos de inteligência artificial utilizados na engenharia geotécnica. Foram identificadas nove áreas-chave em que a aplicação de técnicas de IA é mais proeminente: solos congelados e propriedades térmicas dos solos, mecânica das rochas, terraplenagens e pavimentos, deslizamentos de terras e liquefação do solo, estabilidade de taludes, fundações superficiais e por estacas, máquinas de túneis, barragens e solos não saturados. As redes neuronais artificiais tornaram-se uma técnica de IA amplamente utilizada.

A Avaliação do Ciclo de Vida (ACV) é importante para as GTS, mas até à data tem tido uma aplicação limitada na disciplina de engenharia geotécnica. Dito isto, o modelo de ciclo de vida é amplamente aplicado a projectos imobiliários e de engenharia civil, como pavimentos e estradas. A avaliação do ciclo de vida para GTS requer o desenvolvimento ou refinamento de indicadores ambientais, categorias de impacto e vias causais. Os indicadores ambientais estão relacionados com factores geotécnicos, especialmente os relacionados com a qualidade do solo, as funções do solo e os serviços ecossistémicos prestados pelos solos. Muitos dos métodos geotécnicos existentes provêm de estudos de utilização e alteração do uso do solo relacionados com outras disciplinas (por exemplo, a agricultura). Para serem aplicáveis a projectos geotécnicos, a resolução de muitos destes métodos e os indicadores resultantes devem ser reduzidos da escala da paisagem/macro para a escala do projeto. Num futuro próximo, os profissionais de ACV geotécnica devem começar a acompanhar as alterações nas propriedades do solo e a comunicar qualitativamente os impactos nos recursos da terra e do solo. Os sistemas geotécnicos [109-113] continuam a evoluir, mas a sua teoria final está longe de estar completa

1.4 Geoinformática e geomática

Em alguns países, a geomática [114] tem sido entendida como sinónimo de geoinformática, enquanto noutros é utilizada como uma derivação da geoinformática [115-117]. As razões para este facto são, em parte, as diferentes peculiaridades linguísticas nacionais e a diferença no nível de desenvolvimento das ciências da Terra. Quanto mais elevado for o nível das ciências da Terra, maior será a importância da geoinformática. O comité técnico da organização internacional de normalização ISO/TC 211 sobre geodados e geoinformação utiliza estes termos como sinónimos [118]. No entanto, é de notar que existem algumas diferenças no desenvolvimento destes domínios científicos. A Conferência Internacional sobre Educação em Geodesia, Cadastro e Gestão do Território: Tendências de Globalização e Convergência, realizada no MIIGAiK em setembro de 2012, colocou tudo no seu lugar [119, 120]. Verificou-se que a geomática é uma aplicação da geoinformática no domínio do utilizador do solo. No estrangeiro, a geomática é definida como a arte e a ciência da topografia. Um especialista em geomática é um engenheiro cadastral com uma boa formação no domínio do processamento de informação espacial com a ajuda de sistemas e tecnologias de informação.

A geoinformática está terminologicamente relacionada com as ciências da terra e, secundariamente, com as ciências da computação. Em termos de aplicações, a geoinformática é amplamente utilizada noutros domínios. Por conseguinte, é razoável considerar o seu desenvolvimento sob diferentes aspectos. A geoinformática moderna é mais uma ciência espacial do que uma ciência da Terra

Existem duas tendências no desenvolvimento da geoinformática. A primeira tendência é a integração, que faz da geoinformática uma ciência interdisciplinar. A segunda tendência é a diferenciação. Existe a geoinformática geral, a geoinformática aplicada e a geoinformática especial. A geoinformática dos transportes e a geoinformática espacial surgiram e estão a desenvolver-se. Este desenvolvimento alargado exige análises e actualizações periódicas das principais disposições da geoinformática.

A geoinformática associa os métodos de tratamento da informação social e económica a vários domínios da ciência e a aplicações práticas. A geoinformática é utilizada na medicina, na inteligência artificial, na gestão, na educação, na agricultura e na ecologia. A geoinformática serve de base à geomonitorização.

Uma das caraterísticas da geoinformática é a utilização de modelos para processamento. Neste caso, os modelos dividem-se em duas categorias: modelos para processamento em SIG [121] e modelos aplicados para resolver problemas aplicados
[122].

Outra caraterística da geoinformática é a utilização de um tipo especial de dados - os geodados. Estes dados são estruturados e criam grandes oportunidades para a sua utilização e construção de modelos.

A terceira caraterística da geoinformática é que as relações espaciais estão entre os seus objectos de estudo, juntamente com os objectos e processos físicos. As relações espaciais existem no espaço real, na superfície da Terra, no espaço próximo da Terra e no espaço exterior. Este facto define mais uma vez a geoinformática como uma ciência do espaço.

A quarta caraterística da geoinformática é a recente aplicação de modelos de situação da informação [123-125] e a modelação situacional nesta base [126]. Uma das direcções da investigação geoinformática é a dos sistemas e tecnologias de geoinformação e suas aplicações.

A quinta caraterística da geoinformática é a presença de um tipo especial de modelação - a modelação da geoinformação

A sexta caraterística da geoinformática é a presença de um tipo especial de monitorização, a monitorização da geoinformação e a geomonitorização. A geoinformática pode ser considerada como um sistema de ciências e continua a desenvolver-se com êxito enquanto sistema.

A geomática é definida na série de normas ISO/TC 211 como "a disciplina que se ocupa da recolha, difusão, armazenamento, análise, processamento e apresentação de dados geográficos ou de informação geográfica" [127]. [127]. De acordo com outra definição, "consiste em produtos, serviços e ferramentas relacionados com a recolha, integração e gestão de dados geográficos (geoespaciais)". É também conhecida como engenharia geomática (engenharia geomática), engenharia geodésica e geoinformática (engenharia geodésica e geoinformática) ou engenharia geoespacial (engenharia geoespacial). A engenharia de geodesia era a designação comummente utilizada para a engenharia geomática no passado

Há muito que é conhecido o conflito entre os cientistas francófonos e os cientistas anglófonos. A geomática é, em parte, um produto deste conflito. Os cientistas francófonos estão constantemente a tentar inventar termos em alternativa aos termos ingleses, mesmo que isso não seja útil ou seja contrário ao senso comum.

O termo "geomática" foi cunhado em francês ("geomatique") no final dos anos 60 pelo cientista Bernard Dubuisson para refletir (na sua opinião) os recentes desenvolvimentos no trabalho do agrimensor e do fotogrametrista [128]. A ideia básica era excluir a informática e reduzir a sua importância na ciência relacionada com as ciências da terra. Geoinformática é um nome infeliz que é interpretado literalmente, muitas vezes de forma incorrecta. A geoinformática é uma ciência da terra integrada na qual a informática é utilizada ocasionalmente e não tem mais de 10% de importância. A importância da geodesia na geoinformática é uma ordem de grandeza superior à da informática.

O termo "geomática" foi utilizado pela primeira vez num memorando do Ministério das Obras Públicas francês, datado de 1 de junho de 1971, que criava um "comité permanente de geomática" no governo [129].

A introdução de um termo para diminuir o significado de informática deve ser considerada razoável. A sua introdução em francês é um capricho subjetivo de académicos francófonos. Por conseguinte, é lógico que o termo tenha sido popularizado em inglês. Foi o que fez o geodesista franco-canadiano Michel Paradis no seu artigo The Little Geodesist, publicado em 1981, e num discurso de abertura no congresso que celebrou o centenário do Instituto Geodésico

Canadiano (agora conhecido como Instituto Canadiano de Geomática) em 1981. Em abril de 1982, Paradis defendeu que, no final do século XX, as necessidades de informação geográfica atingiriam níveis sem precedentes na história e que, para satisfazer essas necessidades, era necessário combinar as disciplinas tradicionais de topografia e os novos instrumentos e técnicas de recolha, processamento, armazenamento e difusão de dados numa nova disciplina [130]. Este facto é relevante para a geoinformática e a geomática.

A ligação entre as duas ciências é a informação geográfica e a informação espacial [131]. Os geógrafos também fizeram asneiras no desenvolvimento da geoinformática e da geomática, mas a informação geográfica continua a ser mais importante do que a informática.

Os Sistemas de Informação Geográfica são muitas vezes erradamente designados por Sistemas de Informação Geográfica. Não existe geografia nos SIG. A principal informação nos SIG é a informação geodésica. Mesmo os sistemas de coordenadas geográficas não são utilizados nos SIG. Os topógrafos, geodesistas, cartógrafos, fotogrametristas, especialistas em transportes, especialistas em cadastro, gestores trabalham com SIG, mas não os geógrafos.

A geomática (tal como a geoinformática, não há diferença) inclui as ferramentas e técnicas utilizadas em levantamentos topográficos, deteção remota, cartografia, sistemas de informação geográfica (SIG), sistemas globais de navegação por satélite (GPS, GLONASS, Galileu, Bússola), fotogrametria, geofísica, geografia e formas relacionadas de cartografia da Terra. Este termo foi originalmente utilizado no Canadá, mas foi mais tarde adotado pela Organização Internacional de Normalização, Royal Institution of Chartered Surveyors (daí a divergência na aplicação), Muitas outras organizações internacionais (de língua inglesa) (especialmente nos Estados Unidos) preferiram o termo tecnologia geoespacial [132]. Tratam este termo como sinónimo do termo composto "tecnologia da informação e comunicação geoespaciais" [1133].

Formalmente, os domínios da geoinformática e da geomática são comuns, mas ao longo do tempo e na sua aplicação prática, o termo tem-se restringido quase exclusivamente à topografia.

A geoinformática tem sido proposta como um termo abrangente alternativo, mas a sua utilização é comum apenas em algumas partes do mundo, especialmente na Europa. Formalmente, não existe qualquer diferença entre os termos geoinformática e geomática. A diferença reside na linguagem do termo e no domínio de aplicação. A geomática é utilizada principalmente para a superfície da terra. E a geoinformática transformou-se na ciência do espaço.

Juntamente com a geoinformática e a geomática, é proposto o termo "ciências espaciais". O termo "ciência espacial" ou ciências espaciais é utilizado principalmente na Austrália. As universidades australianas que oferecem cursos de ciências espaciais incluem a Curtin University [134], a University of Tasmania [135], a University of Adelaide [136], a University of Melbourne [137] e a RMIT University [138]

Os profissionais da informação espacial na região Ásia-Pacífico são representados por um organismo profissional denominado Surveying and Spatial Science Institute (SSSI).

A engenharia geomática, ou engenharia geoespacial, é uma disciplina de engenharia em rápido crescimento que se centra na informação espacial (ou seja, informação baseada na localização). A localização é o principal fator utilizado para integrar uma vasta gama de dados para análise e visualização espacial. Os engenheiros geomáticos aplicam princípios de engenharia à informação espacial e implementam estruturas de dados relacionais utilizando ciências da medição, utilizando assim a geomática e actuando como engenheiros de informação espacial. Os engenheiros geomáticos gerem as infra-estruturas de dados espaciais locais, regionais, nacionais e mundiais. A engenharia geomática inclui também aspectos da engenharia informática, da engenharia de software e da engenharia civil

Assim, um engenheiro geomático pode estar envolvido numa gama extremamente vasta de actividades e aplicações de recolha de informações. Os engenheiros geomáticos concebem, desenvolvem e operam sistemas de recolha e análise de informações espaciais sobre a terra, os oceanos, os recursos naturais e os objectos criados pelo homem.

A parte geodésica mais tradicional da engenharia geomática diz respeito à definição e registo dos limites e áreas de parcelas imobiliárias, bem como à preparação e interpretação de descrições legais de terrenos. As tarefas mais estreitamente relacionadas com a engenharia civil incluem a conceção e o traçado de infra-estruturas públicas e de loteamentos urbanos, bem como a cartografia e os levantamentos de controlo para projectos de construção.

Os engenheiros geomáticos servem a sociedade através da recolha, seguimento, arquivo e manutenção de uma variedade de infra-estruturas de dados espaciais.

Os engenheiros geomáticos utilizam uma vasta gama de ferramentas tecnologicamente avançadas, tais como estações totais digitais com teodolitos / telémetros, equipamento de sistema de posicionamento global (GPS), fotografias aéreas digitais (tanto de satélite como aéreas) e sistemas de informação geográfica (SIG) baseados em computador. Estas ferramentas permitem ao engenheiro geomático recolher, processar, analisar, analisar, visualizar e gerir informações relacionadas com o espaço para resolver uma vasta gama de problemas técnicos e sociais.

A Engenharia Geomática é um domínio de atividade que combina a recolha, o processamento, a análise, a visualização e a gestão da informação espacial. Trata-se de um grupo de disciplinas novo e estimulante nas ciências da informação espacial e ambiental, com uma vasta gama de oportunidades de emprego, para além de oferecer tarefas de investigação pura e aplicada estimulantes numa vasta gama de áreas interdisciplinares.

Em diferentes escolas e em diferentes países, o mesmo currículo é leccionado sob a designação de geodesia em algumas escolas e sob as designações de geomática, engenharia geodésica, engenharia geomática, engenharia geoespacial (informação), engenharia geodésica ou geodesia e geoinformática noutras. Embora estas profissões fossem frequentemente ensinadas nos currículos de engenharia civil, cada vez mais universidades estão a incluir departamentos relacionados com a ciência dos geodados na informática, nas ciências da computação ou na matemática aplicada. Estes factos demonstram a amplitude, a profundidade e o âmbito da natureza altamente interdisciplinar da engenharia geomática. O emprego de engenheiro geocientífico está bem estabelecido nas forças armadas dos EUA [139, 140].

A geomática e a geoinformática tinham inicialmente o mesmo campo de estudo, com o objetivo de resolver problemas na superfície da Terra. Ambas as ciências investigam tecnologias de aquisição e tratamento de dados espaciais. Ao longo do tempo, a ênfase da geomática tem estado relacionada com a base científica da utilização dos solos. A geomática é dominada pelo aspeto da engenharia. A geoinformática é dominada pelo aspeto da exploração espacial, incluindo o espaço exterior. A direção da investigação da geomática refere-se principalmente aos domínios do processamento de medições e das tecnologias de processamento da informação espacial para resolver problemas de utilização dos solos. Em termos de aplicação, *a geomática* tem uma orientação mais aplicada, enquanto *a geoinformática* inclui bases fundamentais e teóricas. Comum a ambas as ciências é a construção da investigação com base na integração de conhecimentos de outras disciplinas e o desenvolvimento de fundamentos teóricos para si próprios com base em ciências básicas relevantes.

A geomática é um domínio que engloba vários outros, como o antigo domínio da engenharia topográfica, bem como muitos outros aspectos da gestão de dados espaciais, desde a ciência dos dados e a cartografia até à geografia. Na sequência de desenvolvimentos avançados no processamento digital de dados, a natureza das tarefas exigidas ao agrimensor profissional mudou consideravelmente nos últimos anos e, para um número crescente de pessoas, o termo "agrimensura" já não engloba com exatidão toda a gama de tarefas que a profissão desempenha. medida que as nossas sociedades se tornam mais complexas, a informação com a sua localização espacial associada está a tornar-se cada vez mais importante para a tomada de decisões, tanto do ponto de vista pessoal como empresarial, comunitário e governamental em grande escala.

Para além da geoinformática e da geomática, são utilizadas outras designações, como ciência espacial ou ciência geoespacial. No entanto, as diferenças terminológicas nem sempre correspondem a diferenças substantivas.

2. Desenvolvimento e aplicação da geoinformática aplicada

A direção da geoinformática relacionada com o desenvolvimento de tecnologias e sistemas para estudar e gerir processos e fenómenos do mundo circundante como uma direção aplicada levou à criação de uma direção especial - a geoinformática aplicada. A geoinformática aplicada tem duas direcções de desenvolvimento. Desenvolvimento e aplicação independentes para a resolução de problemas aplicados com base na integração da matemática, da informática e das ciências da Terra. A segunda direção está relacionada com o apoio e o desenvolvimento de geoinformática especializada.

No âmbito da segunda direção, surgiu uma nova direção na economia - a economia espacial [141-143]. No âmbito da segunda direção, surgiram as seguintes ciências: geoinformática logística [144], geoinformática ecológica [145-147], geoinformática económica [148], geoinformática dos transportes [149-152], geoinformática espacial [153]. A geoinformática ambiental é também designada por geoecologia [154].

2.1. Geoinformática espacial

A investigação espacial tem por objetivo o estudo do ambiente exterior sob a forma de espaço próximo e longínquo. A sua peculiaridade reside no facto de se basear em métodos e conhecimentos obtidos em condições terrestres e durante a exploração do planeta Terra. As ciências da terra contribuem de forma significativa para o desenvolvimento da investigação espacial. O principal objeto básico de comparação na investigação espacial é a Terra. Como planeta, é melhor estudada e nela podem ser efectuadas todas as medições possíveis. A utilização de dados de investigação da Terra como análogo para comparação com outros corpos é mais comum em ciências como a geologia planetária, a geomorfologia e as ciências atmosféricas. Esta caraterística fornece uma base para a transferência de métodos das ciências da Terra (geoinformática, geodesia, geodinâmica, fotogrametria, cartografia) para aplicação na investigação espacial. A investigação espacial é uma ferramenta importante para explorar o mundo que nos rodeia. A investigação espacial é uma componente importante na construção de uma imagem do mundo. A geoinformática é também uma ferramenta para explorar o mundo que nos rodeia e construir uma imagem do mundo. Isto aproxima a geoinformática e a investigação espacial. A investigação espacial tem como objetivo a aquisição de novos conhecimentos e a revelação de conhecimentos tácitos. A geoinformática também explora o conhecimento tácito. A geoinformática tem como um dos seus principais objectivos a tarefa de adquirir novos conhecimentos, conhecimentos espaciais e geo-conhecimentos. Isto também aproxima a geoinformática da investigação espacial. A investigação espacial moderna e a construção da imagem do mundo estão ligadas à aplicação das ciências "terrestres" da geoinformática, da geografia e da geodesia. A geodesia espacial, a geografia dos territórios extraterrestres, a geologia espacial, a astronomia geodésica existem e são aplicadas. O termo "pequenos corpos celestes" é utilizado para designar os pequenos planetas e asteróides [155], embora estes sejam cósmicos e não celestiais. A geoinformática, como ciência que integra as ciências da Terra, também tem todas as razões para o termo cósmico [52-54, 153]. Há uma série de trabalhos em geodesia que provam que a geodesia é uma ciência do espaço. Este facto leva a crer que a geoinformática também pode ser considerada uma ciência do espaço. A especialização da geoinformática na exploração espacial pode ser a geoinformática espacial. Este termo ainda não tem uma aplicação alargada. Por conseguinte, num sentido geral, podemos falar de geoinformática como uma ferramenta para a exploração espacial. Num sentido restrito, podemos falar de geoinformática espacial. A geoinformática espacial (GE) ou geoinformática da exploração espacial exige a introdução de novos métodos de análise devido a novas tarefas e requisitos. A geoinformática espacial exige a investigação e o desenvolvimento de novos métodos analíticos, algorítmicos e tecnológicos. Ao contrário da geodesia espacial, da geografia espacial e da astronomia geodésica, a peculiaridade da geoinformática espacial é uma abordagem complexa da exploração do espaço. Esta abordagem integrada é emprestada da geoinformática terrestre. A geoinformática espacial permite a comparabilidade e a análise a nível dos modelos. A nível tecnológico, a geoinformática espacial fornece uma ferramenta para a partilha de métodos de análise e de tratamento. A nível cognitivo, a geoinformática espacial é semelhante à geoinformática terrestre, que promove a integração das ciências. Esta propriedade da geoinformática é transferida para a geoinformática espacial e faz da geoinformática espacial uma ferramenta para a exploração universal do espaço exterior.

2.2. Geoinformática logística

A geoinformática é aplicada sempre que é necessária informação espacial. A experiência acumulada permite introduzir o conceito de "geoinformática logística" como um domínio da geoinformática relacionado com os transportes e a logística.

A partir de posições integrativas, a geoinformática pode ser considerada como um sistema de ciências [156]. A partir de posições espaciais, a geoinformática pode ser considerada como uma ciência do espaço. Na posição de consumidor, a geoinformática pode ser considerada como uma tecnologia que satisfaz as necessidades de especialistas em diferentes áreas de aplicação.

Existem muitas definições [157-159] para a logística, que diferem em pormenores mas reflectem a essência geral. O facto de a logística lidar principalmente com objectos espaciais e fluxos espaciais é pouco refletido. O fator espacial aproxima a geoinformática da logística. A logística requer gestão e é uma ferramenta de gestão. A geoinformática é utilizada para a gestão. Existem sistemas logísticos, muitos dos quais podem ser realizados com ferramentas SIG.

Do ponto de vista do consumidor, a geoinformática pode ser vista como uma tecnologia que satisfaz as necessidades de especialistas de diferentes áreas de aplicação. Isto também aproxima a geoinformática da logística.

A logística opera com fluxos para a frente e para trás de bens, mercadorias, recursos, serviços e informações, de acordo com as necessidades dos clientes. A logística gere as cadeias de abastecimento [160, 161] de modo a que a cadeia corresponda à cadeia lógica [162] e à cadeia óptima da rede. Há uma logística militar e uma logística civil. A logística civil trata da aquisição, movimentação e armazenamento de matérias-primas, produtos semi-acabados e acabados. Para as organizações de serviços que prestam serviços como a recolha de lixo, a entrega de correio, o alojamento e os serviços de utilidade pública e os serviços pós-venda, os problemas logísticos também têm de ser resolvidos. A logística representa uma parte significativa dos custos de funcionamento de uma organização ou de um país.

A gestão dos centros de distribuição [163] é considerada um domínio da logística. Do ponto de vista da modelação, existem semelhanças entre a gestão de operações e a logística. Do ponto de vista da modelação, há semelhanças entre a modelação espacial em geoinformática e a modelação de fluxos espaciais em logística.

Atualmente, existem muitas especializações da logística. A logística de entrada e de saída divide-se em função da direção dos fluxos. A logística de entrada [164] tem por objetivo adquirir e organizar o movimento de entrada de materiais, peças ou existências em curso dos fornecedores para as instalações de fabrico ou de montagem, os armazéns ou as lojas de venda a retalho. A logística de saída (Outbound logistics)

[165] diz respeito ao armazenamento e à circulação do produto final e aos fluxos de informação associados, desde o fim da linha de produção até ao utilizador final.

A logística pode ser dividida nos seguintes tipos, de acordo com as suas áreas de aplicação: logística de aprovisionamento, logística de distribuição, logística pós-venda, logística de eliminação, logística global, logística de assuntos internos, serviços de concierge, logística de gestão de activos, logística inversa, logística de materiais no ponto de venda, logística de emergência, logística de produção, logística de construção, logística de projectos de capital, logística digital, logística de informação e logística humanitária. Vejamos alguns dos tipos de logística.

A logística global [166] é o processo de gestão dos fluxos de materiais através da chamada cadeia de abastecimento, desde o local de produção até outras partes do mundo. Para tal, é frequentemente necessário um sistema de transporte intermodal, marítimo, aéreo, ferroviário e rodoviário

A logística avançada [167] consiste nas actividades necessárias para conceber ou desenvolver um plano de condução das operações logísticas

A logística das aquisições [168] inclui: estudos de mercado, planeamento das necessidades, decisões de compra ou venda, gestão dos fornecedores, colocação e controlo das encomendas. Os objectivos da logística das aquisições podem ser contraditórios: maximizar a eficiência concentrando-se nas competências essenciais, externalizar mantendo a autonomia da empresa, ou minimizar os custos das aquisições maximizando a segurança do processo de abastecimento

A logística de distribuição resolve problemas de afetação óptima de recursos, seleção de locais de produção com base em critérios de otimização. Utiliza a teoria dos conjuntos difusos. Um exemplo típico é o problema de Launhardt [169].

A logística de distribuição [170] (logística de distribuição de mercadorias) tem por objetivo a entrega de produtos acabados ao consumidor. Inclui o tratamento das encomendas, a armazenagem e o transporte. A logística de distribuição é necessária porque o momento, o local e a quantidade da produção são diferentes do momento, do local e da quantidade do consumo.

A principal função da logística de eliminação [171] é reduzir os custos logísticos e melhorar a qualidade dos serviços relacionados com a eliminação dos resíduos gerados no decurso das operações de uma empresa

A logística inversa [172] centra-se em operações que envolvem a reutilização de produtos e materiais. O processo de logística inversa envolve a gestão e a venda de excedentes, bem como de produtos devolvidos pelos clientes aos fornecedores. A logística inversa é o conjunto das operações que implicam a reutilização de produtos e materiais. É "o processo de planeamento, implementação e controlo do fluxo eficiente e rentável de matérias-primas, trabalhos em curso, produtos acabados e informações conexas, desde o ponto de consumo até ao ponto de origem, para efeitos de recuperação de valor ou eliminação adequada. Mais especificamente, a logística inversa é o processo de deslocação dos bens do seu destino final típico para efeitos de recuperação de valor ou eliminação adequada. O oposto da logística inversa é a "logística direta".

A logística verde [173] inclui acções destinadas a minimizar o impacto ambiental das actividades logísticas. Inclui todas as actividades de fluxo para a frente e para trás

A logística de controlo de activos [174] trata dos activos necessários para mostrar, preservar e promover os produtos de uma organização. Alguns exemplos são frigoríficos, aspiradores, monitores, equipamento sazonal, suportes para cartazes e molduras

A logística da construção [175] é utilizada há milhares de anos. As diferentes civilizações humanas têm tentado construir as melhores estruturas possíveis para a vida e a defesa. Atualmente, a logística da construção tornou-se uma parte vital da construção. Nos últimos anos, a logística da construção tornou-se um domínio distinto de conhecimento e investigação no âmbito da gestão da cadeia de abastecimento e da logística.

A logística das redes informáticas e de informação inclui acções de equilíbrio da rede, otimização das rotas de fluxo da rede, redução das interferências e dissipação da rede. A logística das redes móveis inclui acções para otimizar a colocação de estações e otimizar o tráfego da rede com base na densidade de clientes. A logística das redes globais inclui acções sobre a colocação de servidores, a otimização dos fluxos da rede global e a redução das interferências no tráfego da rede.

A maior parte dos tipos de logística considerados aplicam a informação espacial. A informação espacial é processada pela geoinformática. Por conseguinte, a aplicação da geoinformática na logística ou a formação de uma geoinformática logística aumenta a eficiência dos processos logísticos.

2.3. Geoinformática ambiental

A aplicação da geoinformática na ecologia é atualmente identificada com o termo "geoecologia". A geoecologia é um conceito mais vasto, mas baseia-se na geoinformática aplicada ou em métodos geoinformáticos

O termo "geoecologia" está ligado ao geógrafo Carl Troll. Inicialmente, introduziu-o como sinónimo do termo "ecologia da paisagem" [176] A sua primeira interpretação definiu os objectivos da geoecologia como "o estudo dos complexos espaciais em termos das relações e interações entre as comunidades vivas numa determinada parte da paisagem". A geologia desempenha um papel fundamental na formação do mundo biótico. A geoecologia [177-179] é uma ciência interdisciplinar que integra as ciências da terra e as ciências da vida, centrando-se nas múltiplas influências dos processos geoecológicos nos padrões históricos e contemporâneos da biogeografia, incluindo as causas e consequências da geoedafia no biota a todas as escalas temporais e espaciais. Neste ponto, vale a pena referir a integração da geoecologia nas ciências da terra. A geoinformática faz o mesmo. A geoinformática faz o mesmo, aproximando as duas ciências. Ao fazê-lo, a geoinformática actua como um integrador. Simultaneamente, a geoecologia estuda o papel do biota num certo número de processos, incluindo a meteorização e a pedogénese, alterando assim a composição química e física da superfície terrestre e os seus padrões de biodiversidade. A geobiologia (geobotânica e geozoologia), a biogeografia e a biogeoquímica são subdomínios importantes da geoecologia. A ecologia vegetal evolutiva tem também as suas raízes na geoecologia. Os recentes avanços em informação espacial [180], geoinformática, teoria SIG [181] e deteção remota [182] criaram as condições para a aplicação da geomonitorização em geoecologia. A aplicação de dispositivos laser, como o LiDAR e as imagens de satélite, proporciona uma nova ronda de desenvolvimento da ecologia. Por conseguinte, a aplicação da geoinformática na geoecologia é atual.

Os territórios são geralmente importantes para a conservação da natureza. Os habitats que suportam são dinâmicos e frágeis.

Os territórios são vulneráveis aos impactos das actividades humanas e respondem às alterações antropogénicas a escalas de longo prazo. A biodiversidade e os valores de conservação estão estreitamente ligados à ecologia e ao estado de uma zona e é essencial que os sistemas de gestão de zonas se baseiem na compreensão destas ligações

Para além do conceito de habitat, é possível introduzir o conceito de ambiente espacial. Um ambiente espacial é um espaço, objectos no espaço, sem referência ao mundo vivo. Estes ambientes e habitats são vulneráveis e reactivos às alterações climáticas.

A análise da variabilidade dos processos naturais requer grandes conjuntos de dados que podem ser obtidos através de métodos geoinformáticos. Estes conjuntos de dados são gerados a partir de medições no terreno, da deteção remota e da análise de modelos digitais de elevação (DEM). Esta informação permite obter unidades de processamento geomorfológico (GPU), que são chamadas unidades de informação em geoinformática [183]. São definidas com a ajuda da modelação SIG.

Na primeira fase da investigação em geoinformação, formam-se modelos de informação e recursos de informação [184, 185]. Os resultados são colocados em bases de dados [186, 187]. ou bases de dados espaciais 188]. Na construção de modelos, é utilizada uma abordagem semiótica. Consiste no facto de que, ao construir modelos, a semântica do objeto é tida em conta e são escolhidas unidades de informação normalizadas para denotar os objectos do terreno e as suas propriedades. Como resultado da formação e modelação de modelos, são criados mapas digitais [189, 1900] e modelos digitais [191, 192]

Na segunda etapa, é efectuada a modelação da geo-informação e os resultados da modelação são igualmente introduzidos em bases de dados.

Na terceira etapa, são efectuadas análises qualitativas e quantitativas.

^ identificar variáveis latentes, revelar conhecimentos tácitos e fazer previsões. O resultado global da investigação ecológica é a aquisição de novos conhecimentos sobre o estado ecológico do território e do mundo circundante.

Um fator importante e condição obrigatória é a criação e utilização de um sistema de coordenadas único [193, 194]. Um sistema de coordenadas único permite comparar os resultados de observações obtidas em diferentes períodos de tempo. Um sistema de coordenadas único permite comparar diferentes tipos de medições de geoinformação e levantamentos geoambientais.

Existem semelhanças entre as tarefas da geoecologia e da geoinformática. A geoinformática é uma ferramenta da geoecologia para acumular dados espaciais. A base de dados acumulada permite a avaliação quantitativa dos processos espaciais, a interação dos processos no território. A aplicação deste conceito permite o cálculo das caraterísticas temporais. Isto deve-se ao facto de os geodados em geoinformática conterem a caraterística "tempo", o que permite estudar os processos temporais e as dependências temporais. Os geodados permitem estimar as taxas de transporte de sedimentos e, por conseguinte, permitem uma melhor compreensão das actividades reais de desenvolvimento da paisagem geomorfológica. A fim de extrapolar os dados ambientais no tempo e no espaço, estes são analisados em termos de profundidade e de volume total, utilizando principalmente técnicas de geoinformática. Desta forma, é avaliada a validade dos padrões e processos medidos para a escala temporal.

2.4. Geoinformática dos transportes

A geoinformática dos transportes surgiu muito antes do aparecimento da geoinformática aplicada. Inicialmente, a disciplina científica que se ocupava desta direção chamava-se geografia das redes de transporte [195]. Estava estreitamente relacionada com a geografia dos transportes [196]. A geografia das redes de transporte surgiu na Alemanha em meados do século XIX. O seu fundador é considerado o alemão Johan Kohl. Este geógrafo investigou as redes de transportes da Europa, Rússia, EUA e Canadá. Generalizou os tipos de sistemas de transporte existentes nestes países. Com base nas suas investigações e generalizações, surgiu a geografia das redes de transportes. A geografia das redes de transportes constituiu a base metodológica da geoinformática dos transportes. Em comparação, a base metodológica da geoinformática convencional era a cartografia.

A geoinformática dos transportes desenvolveu-se com base na integração da geografia da rede de transportes com as ciências da terra e a logística. Por conseguinte, para além das abordagens e métodos típicos da geografia da rede de transportes, incluiu uma série de métodos especializados.

A geoinformática dos transportes abrange os transportes terrestres, marítimos e aéreos. Tipos terrestres: caminhos-de-ferro, estradas e condutas; tipos aquáticos - mar e rio; tipos aéreos - aviação. Também se divide em transporte de passageiros e de mercadorias. A vantagem da geoinformática dos transportes é a capacidade de criar um modelo de informação integrado que combina diferentes tipos de transporte, o que é importante para o transporte intermodal. Os modelos de geoinformação são modelos de transporte intermodal. Num caso particular, são modelos de modos de transporte individuais.

A geoinformática dos transportes é uma especialidade da geoinformática aplicada centrada no estudo e na resolução de problemas de transportes. As tarefas no domínio dos transportes são diversas. Este facto leva à diversificação da geoinformática dos transportes (TG) nos seguintes domínios

- TG teórica, que inclui o desenvolvimento de métodos matemáticos e estatísticos para a análise de modelos de redes de transporte.
- TG topológica , que inclui o estudo de funcionamento dos fluxos de transporte e otimização topológica dos fluxos de transporte. A secção de desenvolvimento de vias insere-se nesta direção,
- controlo do TG, que inclui o controlo e a monitorização do estado das redes de transporte;
- geoinformática de certos tipos de transporte (ferroviário, rodoviário, aéreo, marítimo, fluvial, oleoduto, telecomunicações);
- Infra-estruturas geoinformáticas;
- geoinformática dos transportes regionais (descrição dos transportes de cada região e país);
- geoinformática espacial dos transportes. Que inclui a aplicação de tecnologias espaciais para a monitorização e gestão de infra-estruturas de transportes, bem como a gestão de material circulante.
- Geoinformática logística.

A análise do sistema é comum a diferentes direcções [197-199]. Os parâmetros-chave importantes da geoinformática dos transportes são: rede topológica, sistema topológico, sistema, ligações e relações espaciais, modelação espacial, modelação da informação, modelos digitais, modelos volumétricos [200]. O transporte é um conceito generalizado. Na TG, é necessário falar do sistema de transportes, que deve ser modelado como um sistema complexo. Isto assegura que as partes do sistema de transportes estão aninhadas e ligadas entre si. Os departamentos e estradas individuais podem ser considerados como subsistemas, A particularidade da geoinformática dos transportes é a utilização de dois tipos de sistemas complexos: sistemas de dados complexos e sistemas tecnológicos complexos de tratamento da informação. Uma das principais tarefas da geoinformática dos transportes consiste em encontrar e formalizar as relações espaciais entre os objectos das infra-estruturas de transportes. As relações estão localizadas em sistemas de coordenadas pré-determinados.

Os sistemas de coordenadas estabelecem relações espaciais entre os objectos da infraestrutura de transportes [201], incluindo os objectos móveis. As relações e ligações são estabelecidas com base em atributos qualitativos [202] e quantitativos, recorrendo à geometria, à lógica espacial, à teoria dos conjuntos, etc. Ao mesmo tempo, na geoinformática, são utilizados diferentes sistemas de coordenadas, mas num único ambiente, o que permite passar de um para outro, se necessário. O método das classificações baseia-se no estabelecimento de relações espaciais com base em caraterísticas qualitativas entre objectos e seus elementos e complementa o método dos sistemas de coordenadas em geoinformática. Em conjunto, ambos os métodos permitem uma análise completa.

A peculiaridade do desenvolvimento da geoinformática dos transportes é o facto de ter surgido e se ter desenvolvido com base na integração das ciências e, por isso, ser um instrumento de transferência de conhecimentos interdisciplinares. O processo de integração baseia-se na abordagem sistémica, na integração dos conhecimentos, na procura da unidade e da integridade das disciplinas "integradoras" e na obtenção do efeito sinergético da integração [203-206].

A metodologia da geoinformática dos transportes baseia-se na utilização de métodos de modelização da informação e da geoinformação para obter conhecimentos, modelos ou dados utilizados noutras disciplinas. A modelização da informação, enquanto método fundamental de cognição [207], permite comparar fenómenos com base na utilização de modelos de informação. A modelação da informação complementa e aumenta a eficiência da utilização de ferramentas computacionais.

A modelação visual está plenamente representada na geoinformática dos transportes. A geoinformática inclui o processamento e a análise da representação gráfica da informação distribuída espacialmente, o que permite processar e analisar eficazmente a informação regional e efetuar uma análise visual comparativa do estado do sistema educativo nos territórios da federação e mesmo ao nível das unidades territoriais mais pequenas.

A integração de dados de teledeteção nas tecnologias de geoinformação permite monitorizar prontamente todas as alterações significativas no domínio dos transportes e, comparando-as com a informação atual, tomar decisões de gestão mais precisas. A geoinformática fornece uma ferramenta de análise das redes de transporte, complementando-a com uma ferramenta visual. Assim, a geoinformática dos transportes oferece uma oportunidade para o estudo multidimensional e abrangente dos problemas dos transportes.

Uma das particularidades da geoinformática dos transportes é o estudo das estradas e das vias férreas dos sistemas de rede, que, por um lado, são um sistema complexo enquanto conjunto de estruturas e dispositivos e, por outro, são objectos topológicos específicos. Este facto torna necessária a utilização da teoria da topologia no estudo dos sistemas de transporte através de métodos geoinformáticos.

2.5 Geoinformática económica

A geoinformática económica é uma síntese da geoinformática e da economia espacial. A análise dos problemas de gestão, as tendências de desenvolvimento da gestão e a necessidade de aplicar a informação espacial justificam a necessidade de introduzir uma nova direção científica "geoinformática económica". A aplicação da geoinformática económica aumenta a eficácia das decisões económicas e de gestão. Metodologicamente, a geoinformática económica exige a introdução de uma tecnologia de equilíbrio entre a geoinformática e as tecnologias económicas.

O desenvolvimento da geoinformática levou à necessidade de introduzir o domínio da geoinformática económica. Os sistemas de informação geográfica [208, 209] e as tecnologias de informação geográfica são utilizados para a gestão e o apoio à decisão [210].

Atualmente, existem muitos tipos de gestão relacionados com a informação espacial [211] ou com a gestão espacial [212]. A gestão da informação [213] e a gestão digital [214], que está totalmente alinhada com a geoinformática, estão a desenvolver-se intensamente. A direção da gestão da geoinformação [215-217], que significa gestão da geoinformação, foi criada no estrangeiro. A gestão empresarial [218-220], que está frequentemente relacionada com a informação espacial e é gestão espacial, está a desenvolver-se. A logística está estreitamente relacionada com a geoinformática [221] e a economia espacial [222]. Atualmente, a gestão flexível [223, 224] está a desenvolver-se a par da direção diretiva tradicional. Ambos os tipos de gestão são efectuados através de métodos de geoinformática. A gestão do património imobiliário está estreitamente ligada à geoinformática [225-227]. Os problemas de desenvolvimento sustentável dos territórios [228], de apoio à utilização dos solos [229], de geomarketing [230, 231] e de geoserviços [232] são resolvidos com recurso à geoinformática. Esta parte da geoinformática pertence ao domínio da geoinformática económica. Há muito que a geoinformática é utilizada para apoiar cálculos económicos ou diretamente para cálculos. Tudo isto torna relevante a investigação no domínio da geoinformática económica.

Os componentes da geoinformática económica formam uma estrutura. A figura 2.1 mostra a estrutura da geoinformática económica.

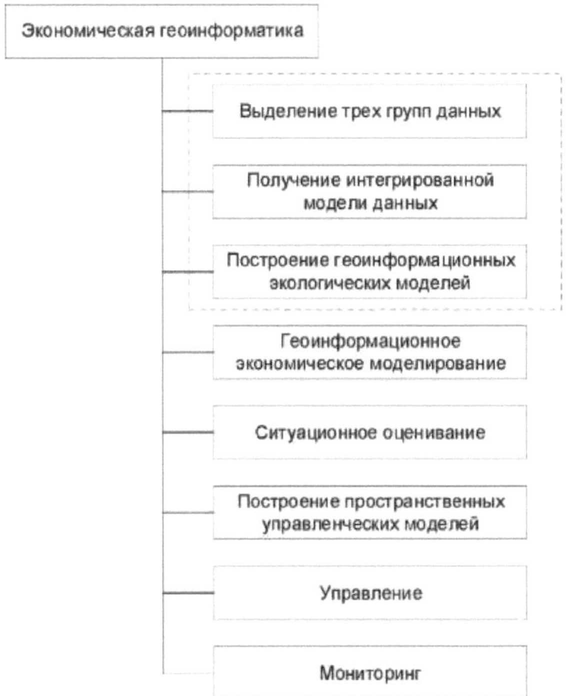

Fig.2.1 Estrutura da geoinformática económica.

Na Figura 2.1, a linha tracejada indica a abordagem geoinformática [233, 234]. É comum a diferentes especializações da geoinformática. A modelização económica geoinformacional utiliza diferentes tipos de modelização/ Em primeiro lugar, trata-se de modelização geoinformacional [235-237]. A modelização espacial [238] serve de base à modelização em geoinformática económica. A modelização económica e matemática é uma componente obrigatória da geoinformática económica. Outros tipos de modelação incluem: modelação da informação, modelação numérica [239], metamodelação, modelação algorítmica, modelação semasiológica [240].

As componentes importantes da geoinformática económica devem incluir a monitorização como ferramenta para obter informação espacial, informação económica e informação de gestão. O seu complemento importante é a monitorização económica [241]. A monitorização geotécnica é utilizada para monitorizar objectos [242]. A monitorização da informação é utilizada para analisar a informação.

O lugar da geoinformática económica no sistema das ciências é apresentado na Fig. 2.2.

Fig.2.2 Lugar da geoinformática económica

A geoinformática económica está no sistema das ciências como um igual entre iguais. Pertence ao domínio dos domínios especializados da geoinformática. Este sistema é uma estrutura em rede, que se assemelha a uma rede semântica. A geoinformática económica está relacionada com a geoinformática dos transportes, a geoinformática ambiental [243], a geoinformática logística e a geoinformática dinâmica [244]. Entre as ciências económicas, a geoinformática económica está principalmente relacionada com a economia espacial e a economia regional [245]. A geoinformática económica está relacionada com a geoinformática espacial [] no aspeto da viabilidade da investigação espacial. A geoinformática económica tem aplicação na construção, na gestão municipal, na utilização dos solos, no cadastro

Os principais objectivos da geoinformática económica são: reduzir a complexidade da gestão, aumentar a eficácia da gestão através da informação espacial e integrar os métodos geoinformáticos na gestão e na análise económica.

Há uma razão objetiva para a redução da eficiência da gestão nas condições modernas. É causada pela crescente complexidade da gestão com o alargamento dos objectos de gestão. A complexidade reduz a eficácia da antiga gestão. O alargamento dos objectos exige a aplicação de novos métodos de gestão e a procura de novos recursos. Outra razão para a diminuição da eficácia da gestão é o aumento do volume de dados e a emergência do problema dos grandes volumes de dados. A informação espacial é um recurso da gestão imobiliária e pode criar um efeito sinergético [246]. Por conseguinte, a aplicação da gestão espacial e da geoinformática aumenta a eficiência da gestão.

O aparecimento e o desenvolvimento da geoinformática económica é uma consequência do desenvolvimento moderno da sociedade e da expansão da aplicação da geoinformática. A segunda razão importante para a aplicação da geoinformática económica é o papel crescente dos factores espaciais na gestão. O aumento dos factores de gestão é sempre acompanhado pela complicação da gestão. A redução da complexidade da gestão deve-se à criação de novos modelos e de novas direcções científicas. Nas condições modernas, a aplicação da geoinformática económica é obrigatória. Neste caso, os sistemas informáticos e as redes informáticas desempenham um papel importante. Metodologicamente, a geoinformática económica exige o cumprimento da condição de complementaridade. A gestão com a aplicação da geoinformática económica pode ser polivalente. A estratégia de gestão da geoinformática deve ser coordenada com as estruturas de dados e as tecnologias de tratamento da informação. A geoinformática económica melhora a eficiência e a eficácia da gestão. A geoinformática económica permite resolver novos problemas complexos que a gestão convencional não consegue resolver.

2.6 Gestão imobiliária baseada na geoinformação

A gestão imobiliária aplica informação espacial de dois tipos. O primeiro tipo de informação espacial está relacionado com a localização de um objeto num determinado sistema de coordenadas. O segundo tipo de informação descreve as dimensões e caraterísticas espaciais do objeto. Um objeto imobiliário é um objeto espacial. O seu tamanho e área afectam o valor do objeto e a gestão do mesmo. O tratamento da informação espacial é efectuado pela geoinformática. A geoinformática contém recursos de gestão [88]. Por conseguinte, a sua aplicação à gestão imobiliária é adequada [247]. Há uma razão para introduzir o conceito de "gestão imobiliária baseada na geoinformática" (GIM). Um conceito mais amplo é a gestão geoinformática do território (GILM). A gestão imobiliária (REM) é uma direção científica especial. É vizinha da gestão do património imobiliário empresarial (CREM). A base da REM é uma linguagem formal ou um sistema de unidades de informação de gestão. A particularidade da REM é a ciclicidade, incluindo a monitorização e a gestão passo a passo. A particularidade do estado do património imobiliário é a sua dependência do ambiente externo e da situação do ambiente. Isto requer a consideração de modelos de situação de informação [248] na gestão imobiliária. A situação da informação pode ser considerada como uma condição da gestão. O estado do objeto imobiliário pode ser associado à situação paramétrica e espacial atual. Assim, podem afirmar-se dois tipos de situação e dois tipos de gestão da geo-informação. Gestão por parâmetros de estado e gestão por estado espacial do objeto. O aspeto espacial torna-se especialmente importante na gestão de objectos móveis e na gestão com seleção de alvos. Para a gestão de geo-informação de bens imóveis, pode ser introduzida a abreviatura GREM. Para a

GREM existe um conceito de trajetória de gestão. Uma trajetória de gestão é uma cadeia de acções planeadas. Esta cadeia conduz o objeto de controlo do estado inicial ao estado de destino. A trajetória de controlo pode mudar devido a factores externos. O GREM tem um grande número de factores e recursos para gerir.

Caraterísticas da GREM. A teoria geral da gestão imobiliária [249] inclui tipos privados de gestão: gestão imobiliária empresarial [250 -252], gestão do ciclo de vida dos bens imobiliários [253, 254], exploração imobiliária [255], apoio informativo à gestão imobiliária, gestão da habitação, promoção imobiliária [256]. Todos os tipos privados de gestão imobiliária funcionam de forma complementar [257]. Aplicam um conjunto harmonizado de conceitos e uma terminologia comum, com exceção da Rússia. A Rússia introduz os seus próprios termos, diferentes dos dos países europeus. A IFMA (International Property Management Association) divide a gestão imobiliária em gestão de activos, de propriedades e de instalações. A aplicação da informática [10], da geoinformática [2, 17], da informação [84] e da modelação da geoinformação influenciou as tecnologias e os métodos de gestão imobiliária. A gestão imobiliária é um processo contínuo de harmonização das necessidades dos utilizadores com as alterações do ambiente e a tendência de desenvolvimento da sociedade, bem como com o desenvolvimento da tecnologia.

Os aspectos fundamentais da gestão imobiliária devem ser considerados como a localização, o valor, a função da propriedade, a conjuntura, a qualidade da propriedade e a qualidade da exploração da propriedade. Daqui derivam as seguintes componentes de gestão: valor de uso, custo, procura, oferta, desenvolvimento da tecnologia de utilização do património imobiliário. Desenvolvimento da tecnologia de construção imobiliária, desenvolvimento da tecnologia de conceção imobiliária, desenvolvimento da tecnologia de modelação da informação, desenvolvimento da intelectualização imobiliária e da tecnologia de gestão inteligente.

A relação entre o comprador do imóvel e o fornecedor do ambiente construído desempenha um papel importante. Uma comparação de diferentes métodos de gestão imobiliária pode revelar factos de semelhanças - diferenças na gestão. Por exemplo, as teorias de gestão do património imobiliário empresarial (CRE) são subsequentemente colocadas no departamento de gestão CRE dentro dos limites da organização utilizadora. Em contrapartida, as teorias de gestão da habitação são, na maioria das vezes, colocadas num grupo industrial fora das famílias. A prática atual de gestão do CRE e da habitação tende para uma carteira de activos convencionais e evita propriedades representativas como os monumentos. Há uma tendência para os agregados familiares quererem estar mais envolvidos e coproduzir a sua casa do que anteriormente e, por isso, querem contornar o atual ambiente institucional (uma espécie de insourcing, produção interna). Nas organizações, há décadas que se regista uma tendência para um menor envolvimento na gestão do seu alojamento e para recorrer ao mercado para os serviços conexos. Entre os objectos de governação individual, há objectos de governação empresarial [258].

A Modelação da Informação da Construção (BIM) deve ser destacada como uma tendência moderna na gestão do sector imobiliário. O aparecimento do BIM [259] influenciou o mecanismo de gestão do património. Os modelos BIM incorporados nos edifícios industriais são uma parte importante da transformação digital da sociedade. O desenvolvimento do BIM executivo permitiu que os proprietários de imóveis se tornassem não só proprietários dos próprios bens, mas também proprietários de bens digitais. As redes neuronais [260] têm sido aplicadas na gestão imobiliária. Na sua essência, estes modelos são modelos CAD especializados ou modelos espaciais de SIG especializados.

O crescimento generalizado dos volumes de informação na gestão e na modelação conduziu à emergência da problemática dos grandes dados e à necessidade de os ter em conta na gestão imobiliária [261]. O desenvolvimento do bloco económico do REM está ligado às tecnologias actuariais [262] e às tecnologias de previsão. Os geoserviços [263] e o geomarketing como tecnologia de apoio à gestão imobiliária estão a ser cada vez mais utilizados. O geoserviço é aplicado em duas vertentes. O geoserviço é uma tecnologia de apoio e manutenção do património imobiliário. O geoserviço é uma tecnologia de apoio à gestão imobiliária.

A gestão do património imobiliário pertence ao domínio da economia espacial. Por conseguinte, o planeamento espacial é amplamente utilizado na gestão imobiliária. Como tendência moderna, é de salientar a contribuição da teoria da marca [252] para a gestão do património empresarial. Os activos digitais desempenham um papel cada vez mais importante na gestão imobiliária [264]. As técnicas de análise de decisão nos processos de gestão imobiliária estão a melhorar. Aplicam a análise multicritério [265] para resolver os problemas nesta direção. Utilizam o método dos indicadores-chave [266] para a gestão do património.

O património imobiliário tem diferentes formas de propriedade. Pode ser propriedade municipal, setorial, de instituições de ensino ou de empresas. A diversidade de formas de propriedade cria a complexidade da gestão imobiliária. Para a gestão imobiliária, são utilizados métodos de gestão geral [267], métodos de gestão estatal do complexo fundiário e imobiliário [268], métodos de gestão comercial, incluindo a gestão imobiliária [269], baseados em indicadores-chave. A gestão moderna do património imobiliário exige a aplicação da informática aplicada, das tecnologias da informação de gestão [270] e da gestão da informação. A gestão imobiliária moderna exige a aplicação de uma gestão inteligente e mesmo de tecnologias ciber-físicas. A monitorização da informação e a monitorização da geoinformação são aplicadas para recolher informações para a gestão imobiliária [271]. Os objectos imobiliários são objectos espaciais. Este facto exige o envolvimento de técnicas de gestão espacial. Além disso, a geoinformática espacial é aplicada no GREM [272]. A gestão imobiliária de objectos complexos utiliza a modelização. Para a GREM, são aplicadas técnicas de modelação espacial

A utilização dos SIG e dos sistemas de informação imobiliária é acompanhada pelo tratamento de modelos espaciais visuais. Este facto motiva a necessidade de representação visual [273, 274] da informação de gestão espacial. No GREM, existe a necessidade de aplicação de modelos visuais de propriedades.

A informação de gestão deve ser armazenada para análise posterior. Para tal, é necessário recorrer a bases de dados, geobases, armazéns de dados [275] e repositórios [276]. Para a gestão setorial, deve ser utilizada a infraestrutura de dados espaciais [277]. Os sistemas de informação especializados [278] e os sistemas de aplicação são utilizados no GREM. A gestão do património imobiliário exige a acumulação, generalização e utilização da experiência. A metamodelação é aplicada para este fim [279, 280].

Há uma tendência para utilizar sistemas de gestão especializados para a gestão do património imobiliário, especialmente para a gestão do património imobiliário do Estado [281]. Os sistemas de gestão do património imobiliário público são complexos e específicos de cada país, o que resulta em diferenças entre os procedimentos pormenorizados de gestão dos recursos patrimoniais. No entanto, podem ser comparados em termos de adesão aos princípios da boa governação.

O desenvolvimento harmonioso e sustentável das sociedades modernas é inseparável da utilização eficiente dos recursos para satisfazer as necessidades da população. A otimização da gestão, gerindo os recursos de forma sensata e protegendo as necessidades do público, é particularmente importante e desafiante na perspetiva do desenvolvimento sustentável. Por conseguinte, as partes interessadas necessitam de um novo modelo de gestão para os edifícios públicos [282] baseado em critérios de sustentabilidade. Existe uma relação entre a qualidade ambiental, a segregação socioespacial e o aspeto social da sustentabilidade nas zonas urbanas [282]. A relação entre as três dimensões da sustentabilidade (ambiental, económica e social) e a segregação residencial é avaliada para as áreas urbanas. São criados índices multivariados de segregação e sustentabilidade utilizando dados agregados por áreas estatísticas centrais do Censo (Census Core-Based Statistical Areas CBSA). A relação entre a segregação e a resiliência (e a dimensão, independentemente) é analisada no âmbito da CBSA utilizando análises espaciais e de correlação. Os resultados de [283] mostram uma relação inversa entre segregação e sustentabilidade, em que um aumento da segregação urbana corresponde a uma diminuição da sustentabilidade. Os aspectos sociais e económicos da sustentabilidade estão negativamente correlacionados com a segregação, enquanto o aspeto ambiental tem uma correlação positiva. Estas correlações apontam para a necessidade de considerar a desigualdade e os aspectos sociais da sustentabilidade de forma mais ampla no planeamento da gestão do património.

A gestão imobiliária dos objectos industriais de dupla subordinação provém de dois centros de gestão [284]. O centro de gestão do sector e o centro da empresa. Este facto leva a possíveis conflitos de gestão. Para esta gestão, é importante o fator de coordenação da gestão dos dois centros. Para tal gestão, é necessário aplicar o SIG do sector ou centros de situação.

A gestão imobiliária por geoinformação pertence ao domínio da economia espacial e é uma nova tecnologia de gestão imobiliária. A GREM utiliza tecnologias de gestão gerais e especializadas. A GREM é um tipo de gestão mais complexo em comparação com a gestão paramétrica do património. A GREM resolve problemas económicos e sociais. A tendência de emergência e desenvolvimento de "cidades inteligentes" também influencia as tecnologias de gestão imobiliária e a GREM. As cidades inteligentes são consideradas como sistemas tecnológicos complexos ou como sistemas organizacionais e técnicos complexos. A superação dos desafios organizacionais nas cidades inteligentes é feita através de acções colectivas, incluindo a gestão empresarial do património. A avaliação do desempenho ambiental, social e económico da modernização de edifícios para diferentes tipos de edifícios e modelos de habitação torna-se também um fator importante na gestão imobiliária. A gestão imobiliária é um complexo tecnológico e científico que resolve uma série de problemas. Exige o desenvolvimento destas teorias e tecnologias.

3. Recolha de informação em geoinformática aplicada
3.1. Abordagens gerais da recolha de informações

A informação é recolhida para satisfazer as necessidades de informação [285]. As tecnologias de recolha de informação recolhem informação sobre objectos com base em medições diretas e indirectas. As principais tecnologias de recolha de informação espacial incluem: tecnologias geodésicas, fotogramétricas, cartográficas, espaciais, estatísticas (Fig. 3.1) e de satélite.

Fig.3.1 Principais tecnologias de recolha de dados em geoinformática aplicada.

As tecnologias de recolha de informações geodésicas, fotogramétricas, cartográficas e espaciais recolhem informações espaciais. A informação estatística tem uma natureza diferente e não é originalmente espacial. Por conseguinte, no processo de recolha, é efectuada a localização ou a ligação da informação estatística à informação espacial. A caraterística das tecnologias de recolha de informação em geoinformática é o armazenamento da informação recolhida em diferentes sistemas: no sistema de informação (SI), no sistema de informação geográfica (SIG), na base de dados (BD), na base de dados espaciais (SDB), na geodatabase (GDD), na infraestrutura de dados espaciais (SDI).

As fontes primárias de informação espacial podem ser objectos do mundo circundante. As fontes secundárias de informação podem ser bases de dados, arquivos e recursos de rede. A informação recolhida é registada, codificada, anotada, sistematizada e unificada. O registo automático é efectuado sem a participação humana e envolve a ligação direta do sistema de informação e medição [286] às medições. A informação recolhida contém dados primários.

Os dados primários são dados que captam os parâmetros que estão a ser medidos. A fixação dos parâmetros consiste na sua descrição por meio de grandezas quantitativas e qualitativas. Estas grandezas podem conter erros e erros anómalos devidos a falhas. Por conseguinte, durante o tratamento da informação primária, é necessário identificar e eliminar as medições anómalas [287], o que leva à necessidade de utilizar escalas de medição. Para garantir a comparabilidade das medições, é utilizado o princípio da unidade de medida.

3.2. Unidade de medição

A unidade das medições é uma condição importante que garante a comparabilidade dos resultados das medições e a possibilidade da sua utilização conjunta para analisar e resolver problemas práticos. Todas as caraterísticas dos objectos de investigação geoinformática têm valores qualitativos e quantitativos. Por exemplo, 10 mm, 10 m e 10 km têm os mesmos valores quantitativos, mas escalas diferentes, ou seja, qualidades diferentes dentro do parâmetro medido - distância.

[2]Os valores: velocidade 10 m/seg, distância 10 m, aceleração 10 m/(seg) - também têm os mesmos valores quantitativos, mas descrevem parâmetros qualitativamente diferentes. Assim, apenas os valores quantitativos não permitem comparar os parâmetros, sendo também necessária uma correspondência qualitativa. O princípio da unidade de medida serve de base para essa correspondência.

A uniformidade das medições é um estado das medições em que os seus resultados são expressos em unidades normalizadas de quantidades e os erros de medição não excedem os limites estabelecidos com uma determinada probabilidade. Esta definição é dada pela Lei da Federação Russa "Sobre a garantia da uniformidade das medições". A uniformidade das medições é necessária para se poderem comparar os resultados das medições efectuadas em locais e momentos diferentes, utilizando métodos e instrumentos de medição diferentes.

O conteúdo do conceito de "unidade de medida" é bastante amplo. Abrange as tarefas mais importantes da metrologia: unificação de unidades, desenvolvimento de sistemas de reprodução de unidades e transferência das suas dimensões para instrumentos de medição de trabalho com precisão estabelecida, realização de medições com um erro que não exceda os limites estabelecidos, etc. A unidade de medida deve ser mantida com qualquer precisão de medição. A unidade de medida deve ser mantida com qualquer precisão de medição. No âmbito da garantia da uniformidade das medições, devem ser aplicados os seguintes conceitos básicos:

unidade de medição - o estado das medições, no qual os seus resultados são expressos em unidades de quantidades legalizadas e os erros de medição não excedem os limites estabelecidos com uma determinada probabilidade;

Instrumento de medição - um dispositivo técnico destinado à medição;

unidade padrão - instrumento de medição destinado à reprodução e armazenamento de uma unidade (ou de múltiplos ou fracções de uma unidade) para efeitos de transferência da sua dimensão para outros instrumentos de medição da unidade em causa;

norma estatal de uma unidade de grandeza - norma de uma unidade de grandeza reconhecida por decisão de um organismo estatal autorizado como norma de referência no território da Federação da Rússia;

documentos normativos para garantir a uniformidade das medições - normas estatais, normas internacionais (regionais), regras, regulamentos, instruções e recomendações aplicadas de acordo com o procedimento estabelecido;

verificação de um instrumento de medição - conjunto de operações efectuadas por organismos estatais de serviços metrológicos (outros organismos autorizados, organizações) para determinar e confirmar a conformidade de um instrumento de medição com os requisitos técnicos estabelecidos;

Calibração de um instrumento de medida - conjunto de operações efectuadas para determinar e confirmar os valores reais das caraterísticas metrológicas e (ou) a aptidão para utilização de um instrumento de medida não sujeito a controlo e supervisão metrológica estatal;

certificado de aprovação de tipo de instrumentos de medição - documento emitido pelo organismo estatal autorizado que certifica que o tipo de instrumentos de medição em causa foi aprovado nos termos do procedimento estipulado pela legislação em vigor e cumpre os requisitos estabelecidos;

licença para o fabrico (reparação, venda, aluguer) de instrumentos de medição - *um* documento que certifica o direito de exercer as actividades especificadas, emitido a pessoas singulares e colectivas pelo organismo estatal de serviços metrológicos;

certificado de calibração - documento que certifica o facto e os resultados da calibração de um instrumento de medição, emitido pela organização que efectua a calibração.

Os instrumentos de medição sujeitos ao controlo e à fiscalização metrológica do Estado devem ser objeto de *verificação* pelos organismos do Serviço Metrológico do Estado no momento da saída da produção ou da reparação, da importação e da exploração. Só os instrumentos de medição verificados podem ser vendidos e alugados.

As listas de grupos de instrumentos de medição sujeitos a verificação serão aprovadas pelo Gosstandart da Rússia. A unidade de medida torna os resultados das medições utilizáveis na prática. Pelo contrário, a violação do princípio da unidade de medida torna os resultados inadequados para utilização, tanto em teoria como na prática.

3.3. Tecnologias geodésicas para a recolha de informações

A Fig. 3.2. mostra o esquema de recolha de informação com a ajuda de métodos geodésicos. Este grupo de tecnologias utiliza diferentes abordagens e instrumentos. Utiliza instrumentos de topografia manual e automatizada baseados no solo. A principal gama de aquisição de informação neste grupo de tecnologias é a gama ótica.

Medições geodésicas - medições efectuadas com a ajuda de instrumentos geodésicos, de acordo com tecnologias e métodos especiais. A informação inicialmente recolhida é designada por informação primária e requer processamento primário, equalização e unificação. A informação primária é convertida em geodados para posterior processamento de modelação.

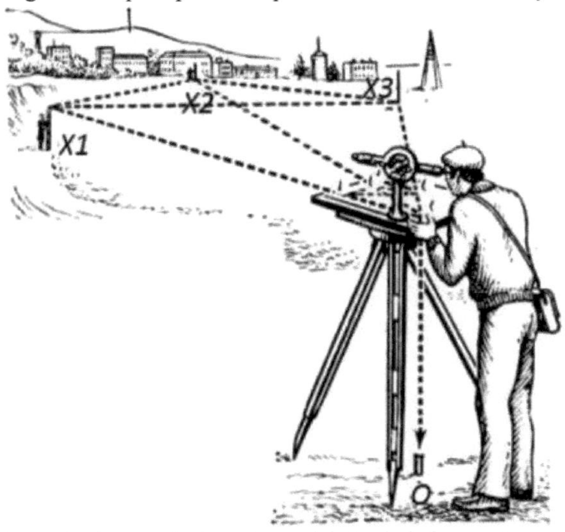

Fig.3.2 Tecnologias geodésicas de aquisição de informação espacial em geoinformática

As medições geodésicas podem ser efectuadas não só na superfície da Terra, mas também em qualquer outro corpo celeste.

Existem diferentes áreas e tipos de medições geodésicas. *Área de medições geodésicas* - categoria de classificação das medições geodésicas, distinguida com base no seu objetivo. Distinguem-se os seguintes domínios de medições geodésicas: Medições *de bases* - domínio das medições geodésicas relacionadas com a determinação dos comprimentos das bases (ou dos seus intervalos). *Medições astronómico-geodésicas* - área das medições geodésicas relacionadas com a determinação de coordenadas astronómicas e geodésicas. *Nivelamento* - área das medições geodésicas relacionadas com a determinação de alturas (diferenças de altura).

Medições geodinâmicas - o domínio das medições geodésicas relacionadas com a determinação das alterações na posição dos pontos geodésicos no tempo relativamente aos pontos de partida aceites, bem como a interpretação dos resultados obtidos.

Medições de tronco - a área das medições geodésicas relacionada com a determinação dos desvios da posição dos pontos (pontos) em relação a uma linha reta (um dado tronco).

Levantamento topográfico - um campo de medições geodésicas relacionadas com a criação de um plano (mapa) de um objeto, realizado no objeto de medição em combinação com a recolha e análise de informações.

Tipo de medições geodésicas - uma categoria de classificação de medições geodésicas, distinguida com base na quantidade geodésica medida. Distinguem-se os seguintes tipos de medições geodésicas:

Medições angulares (geodésicas) - tipo de medições geodésicas em que a grandeza geodésica medida são os ângulos horizontais e (ou) verticais (distâncias zenitais).

Medições lineares (geodésicas) - um tipo de medições geodésicas em que a grandeza geodésica medida é o comprimento dos lados das redes geodésicas (distâncias ou suas diferenças).

Medições de elevação geodésica - um tipo de medições geodésicas lineares, em que a quantidade geodésica medida é a diferença de alturas de pontos (pontos).

Medições giroscópicas (orientação giroscópica) - tipo de medições geodésicas angulares, em que a grandeza geodésica medida são os azimutes das direcções determinados com a ajuda de instrumentos giroscópicos.

Medições *de coordenadas geodésicas* (medições de coordenadas) - um tipo de medições geodésicas em que a grandeza geodésica medida é a posição dos pontos geodésicos relativamente aos pontos de referência num determinado sistema de referência.

3.4. Redes geodésicas

As redes geodésicas desempenham duas tarefas principais: criar um ambiente de coordenadas unificado; apoiar as medições e a transformação de coordenadas. Proporcionam a unidade das medições geodésicas e de outras medições espaciais no interior do Estado. Além disso, as redes permitem trabalhar em sistemas de coordenadas locais sem estarem vinculadas a um único sistema de coordenadas. A ligação (transição) a um único sistema de coordenadas do Estado é efectuada através da ligação a um ponto da rede. Isto permite trazer os resultados das medições para o sistema geocêntrico ou outro sistema nacional

Rede geodésica (rede geodésica) - Rede de pontos fixos da superfície terrestre, cuja posição é definida num sistema comum de coordenadas geodésicas. Existe um grande número de redes. Todas as redes geodésicas podem ser divididas de acordo com as seguintes caraterísticas Por caraterísticas *territoriais*: redes geodésicas globais, redes geodésicas estatais (GGS), redes para fins especiais (GSSN), redes de inquéritos. Por *natureza geométrica*, as redes dividem-se em: planeadas, em altura, espaciais.

As redes *globais* são criadas para toda a superfície da Terra por métodos de satélite, sendo espaciais com a origem das coordenadas no centro de massa da Terra e definidas no sistema de coordenadas PZ-90

As redes *nacionais* dividem-se em: Rede Geodésica do Estado (RGE) em projeção de Gauss-Kruger no plano e Rede de Nivelamento do Estado (RN) com definição de alturas normais no sistema do Báltico, ou seja, a partir do zero da estaca de Kronstadt.

As redes geodésicas para fins especiais (SPGN) são criadas quando não é economicamente viável uma maior densificação dos pontos GGS ou quando é necessária uma precisão particularmente elevada da rede geodésica. Dependendo do objetivo, estas redes podem ser planas, em altura, plano-altitude e mesmo espaciais e podem ser criadas em qualquer sistema de coordenadas.

As grelhas topográficas são a justificação para vários trabalhos locais e são geralmente criadas por grelhas de nivelamento de planos.

A rede geodésica estatal (RGE) é um sistema de pontos fixos no solo, cuja posição é definida num sistema unificado de coordenadas e alturas, legalmente adotado num determinado Estado. A GGS foi concebida para resolver as seguintes tarefas principais de importância económica, científica e de defesa

-	estabelecimento e divulgação de um sistema estatal unificado de coordenadas geodésicas em todo o país e sua manutenção ao nível dos requisitos modernos e prospectivos;

-	apoio geodésico para a cartografia do território da Rússia e das águas dos mares circundantes;

-	apoio geodésico ao estudo dos recursos e da utilização dos solos, ao cadastro, à construção, à exploração e ao desenvolvimento dos recursos naturais;

-	fornecimento de dados geodésicos iniciais para navegação terrestre, marítima e aeroespacial, monitorização aeroespacial de ambientes naturais e artificiais;

-	estudo da superfície da Terra e do campo gravitacional e das suas alterações no tempo;

-	o estudo dos fenómenos geodinâmicos;

-	apoio metrológico de meios técnicos de posicionamento e orientação de alta precisão.

As alturas geodésicas dos pontos GGS são determinadas como a soma das alturas normais e do quasigeóide acima do elipsoide de referência, quer diretamente por métodos de geodesia espacial, quer por referência a pontos com coordenadas geocêntricas conhecidas. As alturas normais dos pontos GGS são definidas no Sistema de Alturas do Báltico de 1977, cuja origem inicial é o zero da baliza de Kronstadt.

A escala do GGS é definida pela Norma Estatal Unificada de tempo-frequênciacomprimento. Nos trabalhos de desenvolvimento do GGS, são utilizadas as escalas de tempo atómico TA (SU) e coordenado UTC (SU) estabelecidas pela base normalizada existente da Federação Russa, bem como os parâmetros de rotação da Terra e as correcções para a transição para as escalas de tempo internacionais, publicadas periodicamente pelo Gosstandart da Rússia em boletins especiais do Serviço Estatal de Tempo e Frequência (STFS).

As latitudes e longitudes astronómicas, os azimutes astronómicos e geodésicos determinados a partir de observações de estrelas são trazidos para o sistema do catálogo fundamental de estrelas, para o sistema do pólo médio e para o sistema de longitudes astronómicas adotado na época da equalização do GGS.

O apoio metrológico aos trabalhos geodésicos é efectuado de acordo com os requisitos do Sistema Estatal de Garantia da Uniformidade das Medições. O GGS combina uma série de redes num único conjunto:

pontos astronómico-geodésicos da rede geodésica espacial (SGN AGP),

Rede geodésica Doppler (DGS),

rede astronómico-geodésica (ATS) das classes 1 e 2,

redes de densificação geodésica (GDS) das classes 3 e 4,

A GGS está estruturada de acordo com o princípio da transição do geral para o particular e inclui construções geodésicas de diferentes classes de precisão: rede astronómico-geodésica fundamental (FAGS), rede geodésica de alta precisão (HGN), rede geodésica de satélites de 1ª classe (GGS-1).

As redes de triangulação e poligonometria existentes das classes 1-4 são igualmente incluídas no sistema de construções acima referido. As estações diferenciais permanentes são criadas com base nos novos pontos de alta precisão da rede de satélites, a fim de garantir a possibilidade de determinação das coordenadas pelos consumidores em tempo quase real.

medida que as redes FAGS, GGS e GGS-1 são desenvolvidas, o GGS está a ser equalizado e os parâmetros de orientação mútua do sistema de coordenadas geocêntricas e do sistema de coordenadas geodésicas SK-95 estão a ser especificados. A densidade dos pontos GGS numa escala de 1 ponto por: distância média:

[2]1:25000 50-60 km 7-8 km

[2]1:10000 50-60 km 7-8 km

[2]1:5000 20-30 km 5-6 km

[2]1:2000 5-15 km 2-4 km

Erro de comprimento: ms = 0,25 $pM,$

em que ts é o erro de comprimento gráfico no mapa, M é o denominador da escala.

Em cada ponto da rede geodésica existente, de acordo com a "Instrução sobre a construção da rede geodésica do Estado", são determinados dois pontos de referência com centros subterrâneos, numerados no sentido dos ponteiros do relógio, a uma distância do centro do ponto de, pelo menos, 500 m na área aberta e 250 m na área inscrita, com visibilidade para eles diretamente a partir do centro.

As alturas de todos os pontos GGS são determinadas principalmente por nivelamento trigonométrico nos lados da rede a partir de pontos tomados como pontos de referência, que são determinados por nivelamento geométrico e estão localizados em pelo menos 3 lados da poligonometria ou 75 km na rede de triangulação.

A rede geodésica de referência é uma rede ou sistema de pontos selecionados e fixados no terreno de uma determinada forma, que servem de pontos de referência para levantamentos topográficos e medições geodésicas no terreno. A rede geodésica de referência é de grande importância prática para a elaboração de cartas topográficas, determinando a forma e a dimensão da Terra. Existe uma distinção entre redes geodésicas de referência planas e em altura. A rede geodésica de referência plana é criada principalmente por triangulação e a posição mútua dos seus pontos é determinada por coordenadas geodésicas ou, mais frequentemente, por coordenadas rectangulares. A rede geodésica de referência de grande altitude (rede de nivelamento) é criada pelo método de nivelamento geométrico, através do qual são determinadas as elevações dos pontos acima do nível do mar. Por exemplo, uma rede de referência de limites (BRN) é utilizada para resolver tarefas de levantamento de limites.

3.5. Tecnologias fotogramétricas de aquisição de informação espacial

A Fig. 3.4 mostra o esquema das tecnologias de recolha com a ajuda das tecnologias fotogramétricas. A principal gama de aquisição de informação neste grupo de tecnologias é a gama ótica. Nas tecnologias geodésicas, a recolha de informações é efectuada ponto a ponto. As tecnologias fotogramétricas recolhem informações sobre fragmentos de terreno através de um grupo de pontos em imagens.

A peculiaridade das tecnologias fotogramétricas, bem como das tecnologias geodésicas, é que, por um lado, servem de base para a recolha de informação em geoinformática e, por outro, realizam um processamento e produção independentes. Por conseguinte, é difícil distinguir a recolha pura nas tecnologias fotogramétricas e geodésicas. É necessário considerar estas tecnologias de forma abrangente

A fotogrametria moderna utiliza muitos tipos de imagens obtidas com câmaras fotográficas, câmaras digitais, câmaras de televisão, sistemas de levantamento por scanner, radar e sistemas móveis de varrimento laser, etc. Existem três direcções principais na fotogrametria. A primeira direção está relacionada com a criação de mapas e planos baseados em imagens. Esta direção é frequentemente designada por fototopografia. A segunda direção da aplicação da fotogrametria está relacionada com a solução de tarefas aplicadas. Esta direção é designada por fotogrametria aplicada. Aplicada

A fotogrametria é utilizada na arquitetura, construção, cadastro, monitorização de terrenos, monitorização da precipitação e deformação de estruturas, medicina, medicina legal, indústria automóvel, robótica, militar, geologia, etc. A terceira direção relacionada com a obtenção de informações a partir de portadores espaciais é designada por fotogrametria espacial.

De acordo com os métodos de obtenção da informação, distinguem-se os seguintes tipos desta tecnologia: fotogrametria espacial, fotogrametria aérea (aerotransportada), fotogrametria terrestre. De acordo com os métodos de tratamento da informação, distinguem-se os seguintes tipos de tecnologia: fotogrametria analítica, fotogrametria analógica, digital. As tecnologias de processamento de informação fotogramétrica são apresentadas na Fig.3.4. Incluem métodos monoscópicos e estereoscópicos. Todas as tecnologias se baseiam no tratamento da imagem.

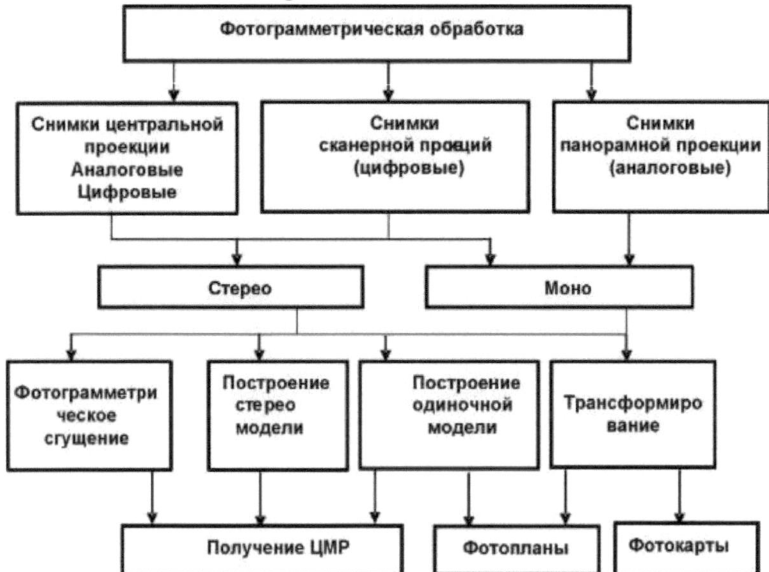

Fig.3.4 Tecnologias de processamento da informação fotogramétrica

Os resultados do processamento são reduzidos à obtenção de coordenadas de pontos de objectos e modelos de edifícios. Os métodos fotogramétricos são utilizados para a construção de modelos digitais (DM), modelos digitais de elevação (DEM), mapas digitais (DM), fotomapas, esquemas fotográficos, planos ortofotográficos e outros produtos. O tratamento das imagens é precedido de uma foto-interpretação, ou seja, uma tecnologia de pré-processamento das fotografias para reconhecer os objectos nelas representados, determinar as suas caraterísticas qualitativas e quantitativas e selecionar os objectos, se necessário.

O resultado do processamento fotogramétrico pode ser não só catálogos de coordenadas, mas também produtos cartográficos e tipos especiais de produtos, como o esquema fotogramétrico e o fotoplano.

Um fotograma é uma imagem *fotográfica* do terreno obtida através da montagem de áreas úteis de imagens aéreas planas não transformadas pelos seus pontos comuns ou pelas suas direcções iniciais. A produção de um fotomapa não requer a preparação do terreno e a transformação das imagens aéreas, pelo que pode ser obtido num curto espaço de tempo após o levantamento aéreo. O fotomapa é utilizado para estudar o terreno para levantamentos que não requerem medições precisas. A escala do fotomapa é igual à escala da fotografia aérea. Uma fotomontagem montada ao longo das direcções iniciais é ligeiramente mais precisa do que uma montada ao longo das curvas de nível e é designada por fotomontagem refinada, mas leva mais tempo a produzir do que uma fotomontagem normal.

O fotoplano é uma imagem *fotográfica* do terreno obtida como resultado da reunião de áreas úteis de fotografias aéreas transformadas por pontos de referência. Um fotoplano é normalmente produzido dentro do trapézio de levantamento; a precisão da posição das curvas de nível em relação aos pontos geodésicos corresponde à precisão de uma carta topográfica da mesma escala do fotoplano. As reproduções de um fotoplano são utilizadas para desenhar relevos durante o levantamento topográfico e como documento independente durante os trabalhos de levantamento e construção que requerem um estudo pormenorizado do terreno e a determinação exacta de distâncias ou áreas

3.6. Tecnologias cartográficas para a recolha de informações espaciais

A Fig. 3.5. mostra o esquema de aquisição de informação utilizando informação cartográfica. A principal gama de recolha de informação neste grupo de tecnologias é a gama ótica. A base inicial são os mapas em papel, que são convertidos em mapas digitais.

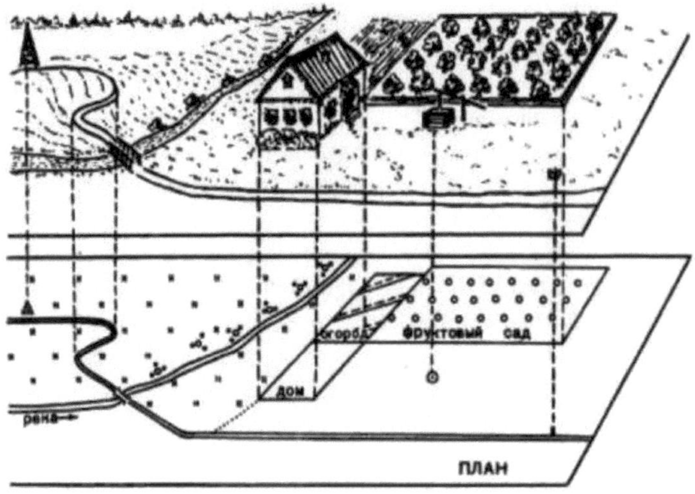

Figura 3.5: Tecnologias cartográficas para a recolha de informações espaciais

Convém recordar que um mapa é um modelo bidimensional plano de um objeto tridimensional não plano (a superfície da Terra). Contém sempre distorções cartográficas que os modelos digitais tridimensionais não contêm. Um mapa topográfico e um plano topográfico são uma imagem reduzida num plano de áreas de terreno, mas existem diferenças significativas entre eles. A escala num plano é constante. Nos mapas de pequena e média escala, a escala muda de ponto para ponto e nas direcções. A escala estabelecida para um determinado mapa é observada apenas numa das direcções (um meridiano ou paralelo), esta escala é designada por escala principal. Noutras partes do mapa as escalas diferem da escala principal e são chamadas escalas particulares.

O aspeto semiótico permite-nos considerar o mapa como um modelo figurativo-signo. O conteúdo das cartas topográficas é expresso por símbolos topográficos. Os mapas mostram: a rede hidrográfica e as formações naturais que lhe estão associadas (bancos de areia, gelo, etc.), as saídas de água subterrâneas, o relevo superficial - com horizontais, marcas de altura e designações adicionais (para arribas, bermas, buracos de erosão, etc.). As cartas topográficas mostram a vegetação com subdivisão de acordo com o fecho de cobertura. Apresentam solos, glaciares e campos de neve, pântanos e solonchaks com demonstração da sua transitabilidade, principais terras agrícolas, povoações com transferência da sua estrutura e tipo (cidade, povoação operária, etc.).

A nomenclatura cartográfica é um sistema de designação das folhas individuais de um mapa com várias folhas. Por acordo internacional, a nomenclatura das folhas de mapas à escala de 1: 1.000.000 é uniforme para todos os países. Para os mapas noutras escalas, a nomenclatura pode variar de país para país

Para as cartas topográficas, é introduzida uma *codificação alfanumérica das folhas*, ordenada por escala. A nomenclatura é assim definida como uma classificação hierárquica natural. A base da classificação é um mapa à escala 1:1000000. O sistema de divisão dos mapas em folhas é designado *por rasgrafia.*

A parte curvilínea da superfície da Terra apresentada numa folha de mapa corresponde a um trapézio curvilíneo. A curvilinearidade de um trapézio é causada pela divisão da superfície terrestre por meridianos e paralelos, que definem esses trapézios curvilíneos. Cada folha de um mapa topográfico é um trapézio delimitado pelos arcos rectilíneos dos meridianos e dos paralelos, cuja dimensão é determinada pela escala do mapa e pela latitude do terreno. Por conseguinte, o termo trapézio é utilizado para designar certas folhas da carta.

A nomenclatura dos mapas a diferentes escalas baseia-se no esquema cartográfico internacional à escala de 1: 1.000.000. Para obter uma folha de um mapa desta escala, todo o globo terrestre é dividido por meridianos, desde o meridiano de Greenwich até 6° de longitude, em 60 colunas (bicolunas). As bicolunas são numeradas com algarismos árabes de 1 a 60 a leste de 180°. É possível numerar a partir de 0°. Neste caso, os bípedes não são designados por colunas, mas por zonas. A numeração das zonas difere das colunas em 30 unidades, por exemplo, uma coluna com o número 40 corresponde a uma zona com o número 10

Assim, o número de colunas difere do número da zona de 6° por 30. Cada coluna é dividida por paralelos até 4° de latitude em linhas, designadas por letras maiúsculas do alfabeto latino, a norte e a sul do equador. Assim, toda a superfície do globo está representada em 2640 folhas. Todas as propriedades dos mapas acima referidas também se aplicam aos mapas digitais

3.7. Recolha de informações utilizando dados de deteção remota da Terra

A Fig. 3.6. mostra um esquema das tecnologias de recolha que utilizam métodos espaciais ou dados de deteção remota. Este grupo de tecnologias é heterogéneo, porque, ao contrário dos grupos anteriores, a recolha é efectuada em diferentes bandas: ótica, infravermelha, radar e mesmo raios X. Para eliminar a heterogeneidade, a tecnologia de recolha inclui uma etapa adicional, a "harmonização dos dados de diferentes bandas".

No mundo moderno, a indústria espacial é uma das áreas mais prioritárias e intensivas em conhecimento da atividade humana. A participação nas actividades espaciais determina em grande medida o prestígio político de um Estado moderno, o seu poder económico, científico, tecnológico e de defesa. A vantagem dos métodos de deteção remota em relação aos métodos de observação terrestre e aérea é a aquisição simultânea de informações sobre grandes territórios e objectos remotos, bem como o estudo da dinâmica dos objectos espaciais em diferentes períodos de tempo.

Em sentido lato, a deteção remota (SR) é a aquisição, por qualquer método sem contacto, de informações sobre objectos na superfície da Terra ou no seu interior. Estes métodos são utilizados pela fotogrametria, geodesia, ótica, física e engenharia de rádio.

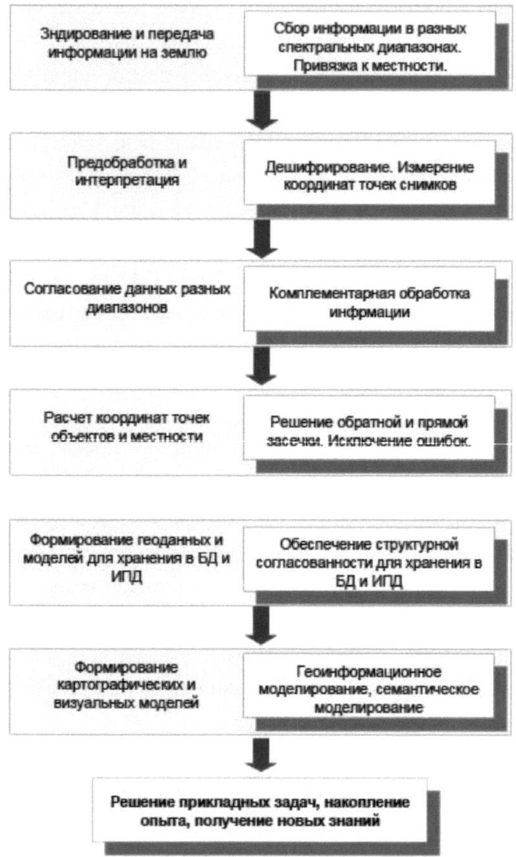

Figura 3.6: Recolha de informação espacial em geoinformática utilizando técnicas de deteção remota

Em sentido restrito, a teledeteção da Terra é a aquisição de informações utilizando equipamento instalado a bordo de naves espaciais. Os dados de deteção remota (RSD) são a principal fonte de informação actualizada sobre objectos e processos na superfície da Terra. A sua aquisição está resumida na Fig. 3.7

Figura 3.7: Aquisição e aplicação de dados de observação da Terra obtidos por deteção remota

Os métodos de teledeteção caracterizam-se pelo facto de o dispositivo de registo se encontrar significativamente distante do objeto em investigação. A distância é um parâmetro importante que determina a distância entre o instrumento de levantamento e o objeto de observação. A distância afecta a precisão das medições. Nos levantamentos remotos é possível obter informações sobre o objeto de estudo em diferentes gamas espectrais: raios X, ultravioleta, visível, infravermelho. Quanto mais curto for o comprimento de onda, maior é a precisão da medição da posição do objeto. Os comprimentos de onda ópticos são mais curtos do que os comprimentos de onda térmicos ou de radar. Por conseguinte, as observações ópticas registadas em película fotográfica ou com dispositivos de digitalização são mais informativas e precisas. A complexidade das tecnologias de teledeteção é determinada pela influência significativa das interferências no sinal útil.

Imagens *espaciais* - imagens da Terra e dos corpos celestes obtidas por equipamentos localizados fora da atmosfera terrestre e que fornecem imagens em várias áreas do espetro eletromagnético.

Diferença entre fotografia aérea e espacial. As alturas de voo da fotografia aérea são muito inferiores às da fotografia espacial. Nos estudos espaciais de fenómenos e processos na superfície da Terra, as distâncias aos objectos podem variar entre centenas e milhares de quilómetros. Uma imagem espacial pode cobrir uma área coberta por até 1000 imagens aéreas As imagens espaciais criam uma visão máxima da superfície e permitem obter imagens generalizadas.

A trajetória de um veículo aéreo pode sofrer alterações significativas devido ao vento, aos poços de ar, à turbulência, etc. A trajetória de um veículo lançador espacial aproxima-se de uma curva matemática

3.8. Recolha de informações através da
tecnologia de satélite

Atualmente, é amplamente utilizado um novo método de recolha de informação que utiliza os Sistemas Globais de Navegação por Satélite (GNSS) [288-290]. Neste método, são utilizados receptores de satélite especiais, com a ajuda dos quais as coordenadas espaciais podem ser determinadas em qualquer ponto da superfície da Terra, que esteja dentro do alcance dos satélites GNSS. Quando se utilizam medições por satélite, as coordenadas são obtidas em qualquer ponto do espaço, ou seja, continuamente, o que corresponde ao conceito de campo de informação [291-293]. O método de satélite define um campo de geoinformação como um campo espacial, em cada ponto do qual podem ser calculadas três coordenadas. O campo de geoinformação cria a possibilidade de determinar coordenadas num ponto do campo e a possibilidade de avaliar relações espaciais na situação de informação espacial. As medições por satélite estão ligadas a uma rede especial para aumentar a precisão, mas as medições também são efectuadas de forma contínua e com maior precisão.

Atualmente, são utilizados principalmente dois sistemas de posicionamento por satélite: o sistema russo GLONASS e o sistema americano NAVSTAR GPS. Originalmente, os sistemas foram criados para resolver tarefas militares, mas depois, com certas limitações, encontraram aplicação em projectos civis.

[-7]Os sistemas permitem a determinação de incrementos de coordenadas com um erro quadrático médio de 2 mm+2-10 D, em que D é a distância entre os receptores de satélite, e as coordenadas de um único recetor podem ser determinadas com um erro quadrático médio de 3 a 5 metros.

Os sistemas globais de navegação por satélite contêm três segmentos: espaço (satélites), solo (estações de monitorização e controlo) e utilizador (receptores de sinais de satélite) [294]. A essência da criação de um campo de geoinformação ou de navegação é a utilização do GNSS e do sistema de processamento computacional para obter coordenadas.

A localização de um ponto num campo de geoinformação pode ser obtida através de medições absolutas [294] e relativas [294]. As determinações absolutas utilizam a medição da localização do recetor em relação a quatro satélites em órbita. As determinações absolutas (menos exactas) são feitas com base no princípio do retrocesso espacial, formado por pseudo-distâncias medidas para 4 ou mais satélites a partir de um ponto definível no qual o recetor de satélite é colocado. A precisão padrão do posicionamento pelo método absoluto pode atingir 3-5 metros, e essa precisão não permite que o método seja utilizado para muitas tarefas. Este facto deve-se à longa distância dos satélites.

O método de medição relativa ou diferencial baseia-se em medições relativas (mais exactas). São utilizados pelo menos dois receptores. Um recetor está permanentemente instalado num ponto com coordenadas conhecidas. É designado por estação de referência ou estação de base (BS) [295]. O segundo recetor (estação móvel - EM) está localizado no ponto do campo de navegação cujas coordenadas devem ser determinadas.

O método só é aplicável na zona de cobertura da BS. Deve ser designado por situacional, uma vez que depende também dos modos de funcionamento, ou seja, da situação específica da informação. Neste contexto, é necessário introduzir o conceito de "zona de observação" como uma área em que é possível obter coordenadas de pontos utilizando equipamento de satélite relativo à BS. Distinguem-se os seguintes métodos de determinação relativa de satélites:

Estático (static) [296]- método em que as observações síncronas da BS e da MS são efectuadas de uma só vez durante, pelo menos, 30-60 minutos;

Fast static (estática rápida) [297] - método em que as observações síncronas na estação de base e na estação móvel situadas no ponto a determinar são efectuadas numa única aquisição com uma duração de 5 a 20 minutos. O tempo de observação depende do número de satélites observados.

Método cinemático [298], em que um recetor funciona no BS e o segundo recetor no MS está em funcionamento contínuo enquanto se desloca entre pontos de campo.

A fase inicial do trabalho de medição de coordenadas é a determinação das coordenadas da BS. Para determinar as coordenadas da BS, são normalmente utilizados os pontos da rede (base geodésica), que estão localizados dentro da área de observação.

Recomenda-se a utilização de todos os pontos da rede geodésica estatal (GGS). Neste caso, se os pontos forem diferentes, devem ser utilizados pelo menos 4 pontos com coordenadas planas conhecidas e pelo menos 5 pontos com alturas conhecidas, de modo a garantir que a justificação plano-altitude seja introduzida no sistema de coordenadas e alturas dos pontos da base geodésica para determinar a posição da base de referência. Recomenda-se a utilização da construção de uma rede de métodos de triangulação para determinar a posição da BS [299]. As localizações das BS são escolhidas tendo em conta a sua observação clara pelo GNSS. É feita uma distinção entre "boas" e "más" localizações de BS. Uma boa localização de uma BS tem as seguintes caraterísticas

não há obstáculos às medições entre o BS e o MS em ângulos superiores a 15 graus acima do horizonte;

Sem superfícies reflectoras parasitas que criam interferências ou ecos de rádio;

Os locais de instalação dos MC estão afastados do tráfego em movimento e dos transeuntes ocasionais;

Os transmissores de rádio potentes e outros sistemas que criem interferências radioeléctricas não devem estar localizados na área de observação.

É preferível organizar as estações de controlo temporárias em locais que satisfaçam plenamente os requisitos acima referidos. Na prática, as estações de rádio estão frequentemente situadas nos telhados dos edifícios ou nos muros de suporte.

A exatidão da instalação da BS determina a exatidão das medições da MS. Por conseguinte, é escolhido o método estático de observações por satélite para determinar as coordenadas da base geodésica. Em todos os pontos da base geodésica, que participam na determinação da "base", a sessão de observação por satélite tem uma duração mínima de 60 minutos. O tempo de observação necessário para as medições estáticas depende de uma série de factores. A tecnologia de medição estática é normalmente utilizada para projectos que requerem maior precisão.

Após a instalação da BS, as medições são efectuadas com a MS em períodos de tempo denominados "sessões de observação". Deve ser efectuado um reconhecimento prévio para selecionar os pontos em que a EM é instalada. Podem ser efectuadas várias sessões durante a medição.

Após a conclusão das medições por satélite, é efectuado o processamento computacional dos dados de observação por satélite. O processamento computacional é efectuado por fases: processamento preliminar - obtenção de incrementos de coordenadas a partir da referência para os pontos a determinar no sistema de coordenadas do sistema global de navegação por satélite e avaliação da precisão; transformação das coordenadas dos pontos a determinar no sistema de coordenadas local (local); equalização das construções geodésicas e avaliação da precisão. Nas medições por satélite, aplica-se a regra da organização do controlo cruzado das medições em detrimento das medições independentes. Para um controlo objetivo e independente é necessário:

- colocar o EM no ponto de medição pela segunda vez numa outra sessão de observação;
- encerrar a travessia com uma linha de base que ligue o último ponto de observação ao ponto de partida;
- efetuar medições independentes entre pontos dessa rede.

O controlo alternativo pode também ser efectuado através do "método de medição dupla" - utilizando duas BS em vez de uma. Nessas medições duplas, serão obtidos dois valores de coordenadas espaciais para cada ponto EM. O método das medições duplas dá a possibilidade de utilizar medições redundantes, que fornecem uma estimativa adicional da exatidão dos resultados das medições.

A condição necessária para a conclusão das medições é a transformação das coordenadas dos pontos definidos com a ajuda do MS no sistema de coordenadas local (local). O problema da transformação de coordenadas surge sempre que um especialista muda os pontos de referência ao mudar a região de trabalho. Está relacionado com o facto de as coordenadas dos pontos do GGS ou do sistema de coordenadas local (LCS) terem erros de centímetros ou mais. Não existe uma chave única para garantir a transformação exacta das coordenadas. O geodesista tem de trabalhar com essas coordenadas, que são armazenadas por pontos localizados na região de trabalho.

O termo "campo de geoinformação" é relativamente novo e é ditado pelas propriedades da geoinformática de combinar: observações geodésicas, fotogramétricas, de satélite e observações de varrimento laser móvel. A criação de um campo de geoinformação nesta tecnologia consiste na criação de um sistema de estações de base, o que aumenta a precisão da determinação das coordenadas deste campo. O local mais favorável para a colocação dos centros do sistema de estações de base é o afloramento de rocha. Nas cidades e vilas, na zona de congelamento sazonal do solo, os centros são colocados nos edifícios. Nos principais elementos de suporte de carga de edifícios e estruturas de tijolo, pedra, betão e betão armado construídos, pelo menos, 7 anos antes da colocação dos centros dos pontos FAGS e VGS e, pelo menos, 3 anos antes da colocação dos centros dos pontos GHS-1. Os edifícios e as estruturas em que são colocados os centros não devem apresentar fissuras nas paredes nem falhas visíveis nas fundações.

4. Sistemas de coordenadas em geoinformática

O princípio da unidade de medida requer medições num único sistema para comparação dos resultados das medições. Este facto determina a utilização de sistemas de coordenadas, que são utilizados em fotogrametria, geodesia e geoinformática. Para determinar a posição espacial dos objectos de estudo em geoinformática, as coordenadas são utilizadas num sistema pré-selecionado.

Na geoinformática são utilizados diferentes sistemas de coordenadas: cartesiano, cilíndrico, esférico. As coordenadas curvilíneas são utilizadas em superfícies convexas. A adaptabilidade dos sistemas de coordenadas em geoinformática é expressa na possibilidade de transformação de coordenadas de um sistema para outro. Todos os sistemas de coordenadas existentes criam a possibilidade de especificar relações nesses sistemas. Qualquer objeto que se enquadre num sistema de coordenadas, enquadra-se no sistema de relações nele existente.

4.1. Funções básicas dos sistemas de coordenadas

Muitas vezes, apenas as funções de medição estão associadas aos sistemas de coordenadas. No entanto, estas funções são secundárias. As funções primárias são as funções de ordenação e de procura de relações. Neste contexto, é necessário recordar alguns termos.

Coordenação (do latim *co* - junto e *ordinatio* - ordenar), inter-relação, coordenação, colocação em conformidade. As coordenadas de um ponto no sistema de coordenadas rectangulares cartesianas são definidas como um produto direto ou cartesiano.

$_{32323}O$ *produto direto de* três (ou *n*) conjuntos A , A , A é definido por *um* conjunto de triplas ordenadas $ai*a*a$. $_{323}$Se os conjuntos não se sobrepõem e definem um espaço, então o produto direto estabelece uma correspondência unívoca entre o espaço tridimensional e o triplo de números a , a , a .

Coordenadas (em geodesia) - valores que determinam a posição de um ponto da superfície da Terra relativamente à superfície do elipsoide terrestre: latitude, longitude, altura. São determinados por métodos geodésicos. Os sistemas de coordenadas em geoinformática resolvem as seguintes funções

Organizar os objectos no sistema selecionado e em relação uns aos outros.

Criar uma correspondência de um para um entre pontos no espaço e parâmetros de coordenadas.

Permitir a realização de funções geométricas de medição.

Permitir a transformação matemática de superfícies, linhas e objectos espaciais.

Criar uma oportunidade para realizar as funções das relações (mais - menos, mais longe - mais perto)

Permitir a integração de uma variedade de informações com base na georreferenciação de pontos no espaço.

Permitir cálculos e análises quantitativas.

4.2. Sistemas de coordenadas de base.

Os sistemas de coordenadas básicos em geoinformática são: sistema de coordenadas curvilíneas, sistema de coordenadas cartesianas, sistema de coordenadas cilíndricas, sistema de coordenadas esféricas e sistemas de coordenadas planas.

Os sistemas de coordenadas definem o espaço de informação, pelo que não estão relacionados nem com a forma, nem com o potencial de gravidade, nem com quaisquer anomalias ou caraterísticas - de qualquer corpo celeste.

O conteúdo do espaço é definido pelos campos.

Sistema de coordenadas curvilíneas. [23]No caso geral do espaço tridimensional, o sistema de coordenadas é definido num sistema curvilíneo através dos parâmetros de coordenadas $q1, q , q$ de três superfícies de coordenadas

$$q_1 = \varphi_1 (x, y, z), q_2 = \varphi_2 (x, y, z), q_3 = \varphi_3 (x, y, z).$$

As linhas de coordenadas são intersecções mútuas de superfícies de coordenadas. Em geral, estas linhas são curvilíneas, o que define o nome do sistema como um sistema de coordenadas *curvilíneas*.

[23]Ao longo da linha de coordenadas de intersecção das superfícies, por exemplo, a primeira e a segunda, os parâmetros qi e q permanecem constantes, apenas o parâmetro q muda . [2]Do mesmo modo, na linha de coordenadas de intersecção das superfícies dois e três, apenas o parâmetro $q1$ muda, e na linha de coordenadas de intersecção de três e um, apenas o parâmetro q .

A origem do sistema de coordenadas e é definida pelo ponto de intersecção das três superfícies. Assim, uma condição obrigatória para especificar o sistema de coordenadas por meio das superfícies a escolher é a sua intersecção num ponto comum. No caso mais simples, as superfícies podem ser planos. Se três planos são mutuamente perpendiculares, chegamos ao sistema de coordenadas cartesianas. No sistema de coordenadas existem linhas especiais chamadas eixos coordenados. Em geral, os eixos coordenados e as rectas coordenadas não coincidem.

Os eixos coordenados são linhas tangentes no ponto em consideração às linhas coordenadas, e as direcções positivas destes eixos são aquelas em que o parâmetro variável aumenta. Os sistemas de coordenadas curvilíneas para os quais os eixos coordenados são mutuamente perpendiculares são chamados ortogonais. Os sistemas curvilíneos são muito utilizados nas transformações de projeção cartográfica. Os mais utilizados em geoinformática são os sistemas de coordenadas *rectangulares, cilíndricas* e *esféricas*

Sistema de coordenadas cartesianas rectangulares. No sistema de coordenadas cartesianas, as equações das superfícies coordenadas têm a forma.

$$q_1 = x;\ q_2 = y;\ q_3 = z.$$

As superfícies coordenadas são planos mutuamente perpendiculares entre si

$$x = \text{const};\ y = \text{const};\ z = \text{const}.$$

As linhas de coordenadas são intersecções de planos, ou seja, linhas rectas. As rectas coordenadas coincidem com os eixos coordenados. Os eixos coordenados deste sistema são mutuamente perpendiculares, pelo que este sistema de coordenadas é designado por ortogonal. A posição de um ponto M no espaço é determinada pela especificação das suas três coordenadas M (x; y; z). Para as coordenadas cartesianas utilizam-se nomes especiais: **ABSCISS**, ORDINATE, APPLICATE.

Abscissa (do latim *abscissa* - cortar), uma das coordenadas cartesianas de um ponto, geralmente a primeira, denotada pela letra x.

Ordenada (do latim *ordinatus - ordenada*), uma das coordenadas cartesianas de um ponto, geralmente a segunda, denotada pela letra y

APLICADO (do latim *applicata*, lit. - aplicado), uma das coordenadas cartesianas de um ponto no espaço, geralmente a terceira, denotada pela letra *z*

Sistema de coordenadas cilíndricas. $^{-\varphi}$ No sistema de coordenadas cilíndricas, a posição do ponto *M* no espaço é determinada especificando o vetor-raio - p, o ângulo da sua rotação no plano horizontal e a aplicação *z*. No sistema de coordenadas cilíndricas, as equações das superfícies têm a forma.

$$q_1 = \rho;\ q_2 = \varphi;\ q_3 = z.$$

A ligação com as coordenadas rectangulares é feita através das fórmulas

$$x = \rho \cos \varphi;\ y = \rho \sin \varphi;\ z = z$$

As superfícies de coordenadas do sistema cilíndrico são

p = cilindros *constantes* com eixo *Oz;*

φ = semiplanos *constantes* limitados pelo eixo *Oz;*

z=planos *constantes* perpendiculares ao eixo *Oz.*

Sistema de coordenadas esféricas. $^{\theta \cdot}$ No sistema de coordenadas esféricas, a posição do ponto *M* no espaço é determinada pela especificação do vetor-raio - *r,* do seu ângulo de rotação no plano horizontal - f e do seu ângulo de rotação no plano vertical No sistema de coordenadas esféricas, as equações das superfícies são da forma

$$q_1 = r;\ q_2 = \theta;\ q_3 = \varphi.$$

A ligação com as coordenadas rectangulares é feita através das fórmulas

$$x = r \sin \theta \cos \varphi;\ y = r \sin \theta \sin \varphi;\ z = r \cos \theta$$

As superfícies coordenadas do *sistema* esférico são *r = const* - esferas com centro *O;*

$\theta = const$ - do semi-plano com o eixo Oz;

$\varphi = const$ - meios planos limitados pelo eixo Oz.

A importância das superfícies de coordenadas esféricas deve ser realçada. Se uma das esferas for escolhida como esfera base, então a ultrapassagem ou diminuição do raio das outras esferas pode ser considerada como altura ou profundidade, relativamente à esfera base. Este é o modelo de medição de alturas adotado para medir alturas na superfície da Terra. Este modelo de coordenadas permite criar um modelo plano de uma superfície esférica.

Numa superfície esférica, para uma esfera de raio fixo, a posição de um ponto é dada pelos dois parâmetros $0 = const;$ $f = const$. Os dois parâmetros da superfície curva podem ser relacionados com os dois parâmetros do plano, tendo em conta as distorções que surgem quando uma superfície esférica não plana é transferida para uma superfície plana. Este mecanismo está na base da criação de mapas que são um modelo plano da superfície não plana da Terra.

Sistemas de coordenadas planas. A escolha do sistema de coordenadas depende da dimensão das superfícies a estudar e, consequentemente, da influência da curvatura da Terra. Para representar pequenas áreas da Terra, uma parte da superfície plana pode ser considerada como um plano. [2]Estas áreas são parcelas de até 20 km de comprimento e até 400 km de quadrado. Nestes casos, as coordenadas planas são aplicáveis Fig.4.1. Podem ser cartesianas ou polares.

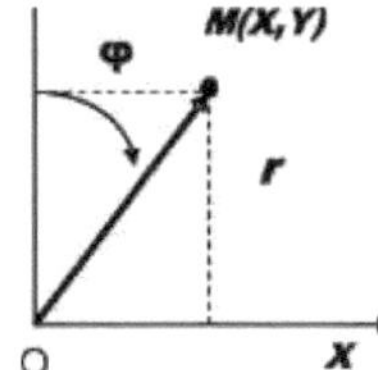

Figura 4.1. Coordenadas cartesianas e polares planas

As coordenadas cartesianas planas são definidas através da especificação de dois eixos. Neste caso, normalmente a coordenada X aponta para este e a Y para norte. O ângulo f (Fig.4.1) é designado por ângulo direcional. Os segmentos de escala são definidos para ligar as coordenadas dos sistemas às dimensões reais dos objectos. O par ordenado (X, Y) determina a posição de um ponto num determinado sistema. O ponto de intersecção é designado por eixo de coordenadas, a origem ou o zero do sistema de coordenadas. O eixo das abcissas é OX e o eixo das ordenadas é OY.

Existem dois sistemas de coordenadas rectangulares: o da esquerda e o da direita. Em geodesia, o sistema da esquerda é o mais utilizado. A posição de um ponto no sistema retangular é definida exclusivamente por duas coordenadas X e Y; a coordenada X exprime a distância do ponto ao eixo OY, a coordenada Y - a distância ao eixo OY. Os valores das coordenadas são positivos (com o sinal

"+") e negativos (com o sinal "-") consoante o quarto em que o ponto se encontra.

$^{(\varphi)}$*As coordenadas polares planas* utilizam a distância à origem (r) e o ângulo a partir de uma direção fixa. A direção é normalmente fixada a norte e o ângulo é contado no sentido dos ponteiros do relógio a partir dessa direção. As coordenadas polares são convenientes para efetuar medições a partir de um determinado ponto. Se for necessário ter em conta a curvatura da Terra, são utilizados sistemas de coordenadas espaciais.

4.3. Sistemas de coordenadas terrestres

Os sistemas de coordenadas terrestres diferem dos sistemas de coordenadas matemáticas ideais porque estão relacionados com a forma do objeto Terra, que não é estritamente descrita por uma simples figura matemática. Os sistemas de coordenadas terrestres foram desenvolvidos em duas direcções: geodésica e astronómica.

Historicamente, a determinação da posição de um objeto na superfície da Terra estava relacionada com observações astronómicas do céu estrelado. A abordagem geodésica preocupa-se em estudar a forma da Terra e em relacionar objectos na sua superfície num sistema unificado. Utiliza modelos da superfície da Terra para determinar a latitude e a longitude. A latitude, na abordagem geodésica, está relacionada com a forma da superfície da Terra. A teoria da forma da Terra evoluiu e, consequentemente, os sistemas de coordenadas a ela associados também evoluíram.

A abordagem astronómica está associada à determinação da posição do objeto na superfície da Terra através do céu estrelado. Neste caso, não havia dúvidas quanto à construção esférica da esfera celeste. Assim surgiu a geometria esférica, que tem as suas raízes na ciência árabe e que definiu uma série de termos até aos nossos dias. Ao analisar a terminologia, é de notar que na linguagem científica europeia, nomeadamente na teoria dos sistemas de coordenadas, existem muitas palavras árabes, como álgebra, almucantarat, azimute, zénite, nadir e outras.

Almucantarat (árabe) [4] o arco de um pequeno círculo formado pela secção da esfera celeste, por um plano paralelo ao plano do horizonte. Todos os pontos do almukantarat têm alturas astronómicas iguais acima do horizonte.

Este conceito, transferido para a cartografia, é utilizado para designar uma família especial de linhas na superfície do globo terrestre (modelo da Terra). Esta linha é um lugar geométrico de pontos equidistantes de qualquer ponto selecionado na superfície do globo. Se esse ponto selecionado for um pólo geográfico da Terra, então as almucantaratas serão paralelos geográficos. As almucantaratas são um elemento estável dos sistemas de coordenadas. Nas cartas geográficas, podem ser representadas por diferentes tipos de curvas ou linhas rectas, consoante a forma de projeção do mapa.

Vertical (do latim *verticalis* - prumo) [4], assim como almucantarat, tem dois significados: astronómico e cartográfico. Em astronomia, uma vertical é um grande círculo da esfera celeste que passa pelo zénite e pelo nadir. A vertical perpendicular ao meridiano celeste é designada por *primeira vertical,* e os pontos da sua intersecção com o horizonte celeste são designados por pontos oeste e este.

Em cartografia, uma vertical é uma família de linhas na superfície do globo (modelo da Terra) que complementa as almucantaratas como elementos do sistema de coordenadas. As verticais são cada grande círculo que passa pelo pólo das coordenadas esféricas.

A vertical que passa pelo pólo geográfico coincide com o meridiano. A posição das verticais na superfície cartográfica é determinada pelo azimute "a", que é igual ao ângulo diedro entre os planos das verticais atual e inicial. A vertical inicial é a vertical que coincide com o meridiano do pólo dos sistemas de coordenadas oblíquas ou transversais.

Os almucantarats são arcos de pequenos círculos ortogonais às verticais; a sua posição na superfície cartografada é determinada pela distância *zenital z*, igual ao arco da vertical desde o pólo do sistema de coordenadas adotado até ao almucantarat atual.

O zénite é o ponto do céu que se encontra no topo [4]. Distingue-se entre zénite geográfico e zénite geocêntrico. *O zénite geográfico* é definido como um ponto na direção do fio de prumo, em todos os pontos da superfície da Terra. *O zénite geocêntrico* é definido como um ponto situado acima, na direção da continuação da linha que liga o local de observação ao centro da Terra.

Se a Terra fosse uma esfera, os dois zénites coincidiriam. No entanto, devido à diferença na forma da Terra em relação à forma esférica, o zénite geocêntrico difere do zénite geográfico entre o equador e o pólo. A sua distância angular é insignificante e atinge o seu valor máximo (cerca de 12') em latitudes de cerca de ±45°.

A distância angular de qualquer luminária ao zénite é designada por distância zenital. Dependendo do facto de a distância ser considerada a partir do zénite geográfico ou geocêntrico, distinguem-se as distâncias zenitais geográficas e geocêntricas. A adição da distância zenital a 90° é designada por altitude da luminária.

O nadir é um ponto oposto ao zénite, situado para baixo, na direção do fio de prumo, em todos os pontos da superfície terrestre. Este ponto é invisível diretamente e é obtido artificialmente colocando um recipiente de mercúrio ou um espelho horizontal sob o instrumento: o nadir pode ser considerado como uma imagem do zénite na superfície da Terra.

Na prática, as coordenadas astronómicas e geodésicas são amplamente utilizadas. Nestes sistemas de coordenadas são utilizados os seguintes elementos [4]:

Plano equatorial da Terra - um plano que passa pelo centro da Terra perpendicularmente ao seu eixo de rotação;

Plano do meridiano geográfico (astronómico) - passa pelo eixo de rotação da Terra e por um fio de prumo num ponto da superfície da Terra;

meridiano - a linha de intersecção dos planos dos meridianos geográficos com a superfície terrestre;

paralelo - linha formada pela intersecção de um plano paralelo ao plano do equador terrestre com a superfície da Terra.

A posição de um ponto no sistema de coordenadas astronómicas (geográficas) é determinada pela latitude (f) e pela longitude (a) (Fig. 4.1). A posição do ponto no sistema de coordenadas geodésicas é determinada pela latitude (B) e pela longitude (L).

Latitude (geodésica) - ângulo entre a normal à superfície do elipsoide e o plano equatorial. Varia de -90° (pólo sul) a +90° (pólo norte).

Latitude (astronómica) - ângulo entre o fio de prumo de um determinado ponto da superfície e o plano do equador.

A longitude é o ângulo no plano do equador entre o meridiano de um ponto e o meridiano principal (zero) que passa por Greenwich, Inglaterra. Varia de -180° (longitude oeste) a +180° (longitude leste).

Os conceitos básicos destes sistemas de coordenadas são: *meridiano* - linha de longitude constante; *paralelo* - linha de latitude constante;

Grande círculo - um círculo imaginário na superfície da Terra formado por um plano que passa pelo centro do globo;

pequeno círculo - um círculo imaginário na superfície da Terra formado por um plano que não passa pelo centro do globo.

As superfícies coordenadas nestes sistemas são a superfície de uma esfera ou elipsoide, as superfícies planas, os planos secantes paralelos ao equador, os planos secantes que passam pelo eixo da Terra.

As linhas de coordenadas nestes sistemas são.

$B = const\ (\varphi = const)$ família dos paralelos (almucantharata).

$L = const\ (\lambda = const)$ família meridiana.

A particularidade da escolha destas linhas de coordenadas é ditada pela necessidade de transferir informação da superfície do modelo da Terra para a superfície plana do mapa. Estas linhas de coordenadas definem a grelha geográfica, que é apresentada na projeção selecionada.

Os sistemas de coordenadas utilizados em geodesia e geoinformática são escolhidos em função das tarefas a resolver. São utilizados diferentes modelos matemáticos de superfícies e diferentes sistemas de coordenadas para representar a posição dos pontos da superfície no plano. Na prática, os modelos planos e esféricos são utilizados com mais frequência. Menos frequentemente são utilizados os curvilíneos ou polares. Se escolhermos o tipo de linhas de coordenadas como um aspeto da classificação, obtemos a seguinte classificação dos sistemas de coordenadas:

coordenadas rectangulares (X, Y) - no plano;

coordenadas rectangulares (X, Y, Z) - *no* espaço, coordenadas curvilíneas: esféricas - numa esfera, elipsoidais - num elipsoide, sendo estas últimas frequentemente designadas por coordenadas geodésicas.

4.4. Variedades de sistemas de coordenadas terrestres.

Existem sistemas de coordenadas geodésicas, astronómicas e geográficas (Fig. 4.2) [4]. Os três sistemas utilizam o conceito de latitude e longitude. Como já foi referido, o sistema de coordenadas geodésicas está relacionado com a figura da Terra e a correlação de objectos na sua superfície num único sistema. Utiliza modelos da superfície da Terra para determinar a latitude e a longitude. A latitude, nesta abordagem, está relacionada com a forma da superfície da Terra. Uma vez que é escolhido como modelo um elipsoide com uma curvatura de superfície variável, a latitude numa tal superfície será diferente da latitude determinada para um modelo com uma curvatura constante na forma de um esferoide.

A abordagem astronómica está associada à determinação da posição de um objeto na superfície da Terra utilizando um modelo de céu estrelado ou de esfera. Este último tem uma curvatura constante. Daí a diferença na definição de latitude astronómica como o ângulo entre o centro da esfera ou a direção do fio de prumo para o centro da Terra, sem ter em conta a curvatura da superfície. Uma conclusão importante: a latitude astronómica e a latitude geodésica diferem em alguns pontos da superfície da Terra, embora de forma insignificante.

O que são coordenadas geográficas? Não existe uma resposta inequívoca na literatura nacional. A primeira abordagem [4] é que as coordenadas geográficas são um conceito generalizado de coordenadas geodésicas e astronómicas. A segunda abordagem [4] considera que as coordenadas geográficas são o mesmo que as coordenadas astronómicas.

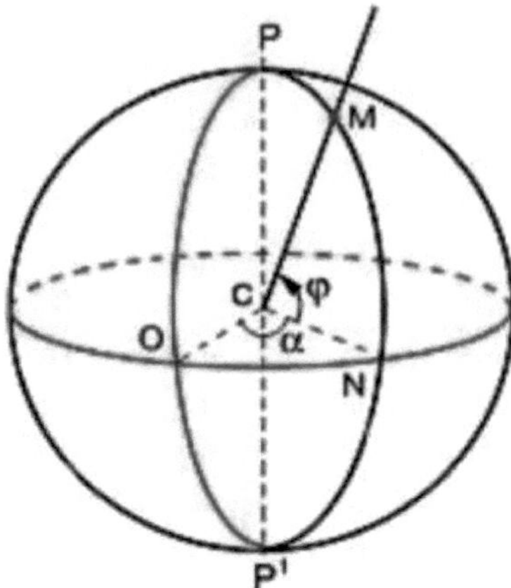

Figura 4.6. Coordenadas geográficas

A Fig. 4.6 mostra as coordenadas geográficas. Linha RR' O eixo de rotação. Ponto M - ponto da superfície da Terra. C- centro de massa da Terra. O- meridiano zero. Em relação à Terra, distinguem-se os sistemas de coordenadas geocêntricas, de referência e topocêntricas.

Os sistemas de coordenadas *geocêntricas* estão associados ao centro da Terra. Estão mais próximos dos sistemas astronómicos. Estes sistemas de coordenadas baseiam-se no *modelo do elipsoide terrestre*, nomeadamente o elipsoide de rotação, plano

do equador e cujo centro coincide com o plano equatorial e o centro de massa da Terra e que melhor se aproxima da superfície de um geoide (quasigeóide).

Os sistemas de coordenadas *de referência* estão associados à figura do *elipsoide de referência*. Estes sistemas são utilizados para o território de um determinado país ou de vários países. Em regra, os elipsóides de referência *são legalmente* aceites para o processamento de medições geodésicas. A orientação do elipsoide de referência no corpo da Terra está sujeita aos seguintes requisitos:

1. As diferenças entre as coordenadas astronómicas e geodésicas devem ser mínimas

2. O semi-eixo maior menor do elipsoide (*b*) deve ser paralelo ao eixo de rotação da Terra.

3. A superfície do elipsoide deve ser tão próxima quanto possível da superfície do geoide numa dada região (para países com uma grande área) ou para um país (para países com uma pequena área).

Ao contrário do elipsoide de toda a Terra, para orientar e ancorar o elipsoide de referência no corpo da Terra é necessário estabelecer datas geodésicas iniciais (*datum*).

4.5. Sistemas de coordenadas geocêntricas e topocêntricas

Os sistemas de coordenadas geocêntricas são utilizados principalmente para a navegação quando se deslocam objectos no espaço próximo da Terra, quando a forma da Terra (ou de outro planeta) não desempenha um papel essencial. A teoria dos sistemas de coordenadas geocêntricas (planetocêntricas) pode ser utilizada para criar sistemas de coordenadas para quaisquer objectos do Sistema Solar ou objectos de outras galáxias.

Na prática, são utilizados diferentes sistemas de coordenadas: geocêntrico, topocêntrico, geodésico polar, eclítico, etc. Se escolhermos as origens das coordenadas como aspeto de análise, podemos falar de sistemas de coordenadas geocêntricas, quasigeocêntricas e topocêntricas (Fig.4.7). Assim, o sistema geocêntrico está relacionado com o conceito do modelo da Terra como um *elipsoide universal.* São utilizadas diferentes realizações deste modelo

O GRS80 (Sistema de Referência Geodésico 1980) foi desenvolvido pela União Internacional de Geodesia e Geofísica e é recomendado para trabalhos geodésicos;

O WGS84 (World Geodetic System 1984) é utilizado no sistema de navegação por satélite GPS;

O P390 (Earth Parameters 1990) é utilizado no território da Rússia para o apoio geodésico dos voos orbitais. Este elipsoide é utilizado no sistema de navegação por satélite GLONASS;

O IERS96 (International Earth Rotation Service 1996) é recomendado pelo Serviço Internacional de Rotação da Terra para o processamento de observações VLBI

O sistema de coordenadas *geocêntricas (X, Y, Z)* é um sistema de coordenadas *(X, Y, Z)* com a origem *O* coincidente com o centro de massa da Terra (Fig. 4.7).

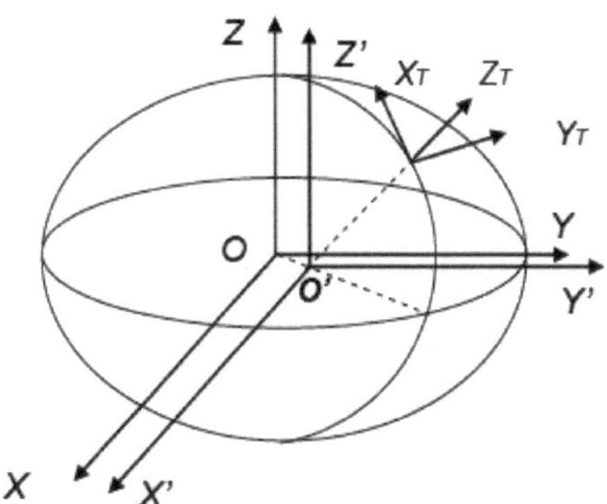

Fig.4.7 Geocêntrico, quase-geocêntrico e topocêntrico

sistemas de coordenadas

Se a origem do sistema O' estiver localizada perto do centro de massa da Terra (a algumas centenas de metros), então esse sistema de coordenadas (X', Y', Z') é chamado *quasigeocêntrico.*

O eixo Z aponta para o pólo norte da Terra. O eixo X está direcionado para o ponto de intersecção do equador com o meridiano de Greenwich. *O eixo Y completa o sistema equatorial formado à direita.*

O sistema de coordenadas topocêntrico (do grego *topos* - lugar) é um sistema de coordenadas (Fig. 4.7), no qual se realizam medições geodésicas diretas e trabalhos sobre a superfície da Terra. Em regra, é um sistema de coordenadas cartesianas associado a um referencial.

O sistema de coordenadas topocêntricas é um sistema de coordenadas (X_T, Y_T, Z_T) com a origem na superfície da Terra ou perto dela. O eixo Z_T coincide com a normal à superfície do elipsoide terrestre. O eixo X_t situa-se no plano meridiano e está direcionado para o pólo norte. *O EIXO Y_T completa o sistema formado à esquerda.* O sistema participa na rotação diária da Terra, permanecendo estacionário em relação aos pontos da superfície terrestre, pelo que é conveniente para a navegação e determinação da posição de objectos em relação à superfície terrestre.

4.6. Coordenadas geodésicas

As coordenadas geodésicas são também definidas pela latitude e longitude de pontos na superfície da Terra. No entanto, a sua determinação é efectuada com a ajuda de medições geodésicas. Na análise destes sistemas de coordenadas utiliza-se o geocêntrico (esferoidal) F, o reduzido U e o geodésico B - latitudes indicadas na Fig. 4.8.

A figura 4.8 mostra um fragmento de uma secção de um elipsoide de rotação pelo plano meridiano. A equação canónica da elipse obtida como resultado de uma tal secção tem a forma

$$\frac{x^2}{a^2} + \frac{z^2}{b^2} = 1 \ (4.1)$$

Existe um ponto T na elipse que tem diferentes valores de latitude geodésica, reduzida e geocêntrica.

A vantagem do sistema esferoidal é o facto de o esferoide ter uma superfície de igual curvatura, o que simplifica consideravelmente os cálculos na transição das coordenadas curvilíneas para as coordenadas cartesianas.

Para uma circunferência e uma esfera, a equação da normal à superfície é uma reta que passa pelo centro da circunferência ou da esfera. O ponto T (Fig. 4.8) tem, neste sistema, um valor de latitude igual a F. Um elipsoide tem uma superfície de curvatura variável. Para a sua secção, a equação normal ao ponto T passa longe do centro de simetria e é caracterizada pela latitude geodésica B.

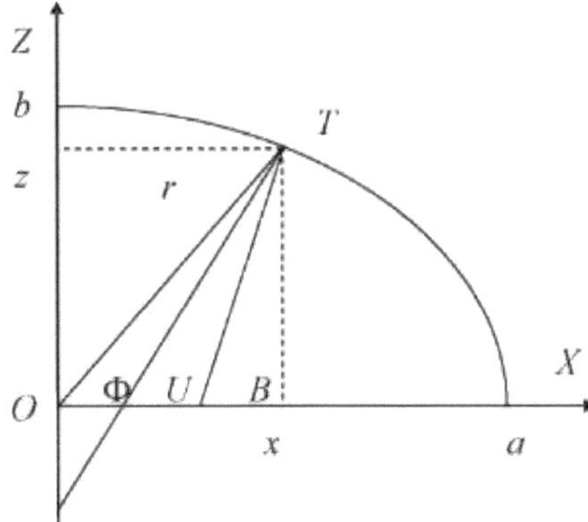

Fig.4.8 Latitudes geocêntricas, reduzidas e geodésicas

A elipse da Fig. 4.8 tem o semi-eixo maior a e o semi-eixo menor b. O raio do almucantarato (paralelo) para o ponto T é r. Ele coincide com a coordenada cartesiana deste ponto no sistema *ZOX*. Utilizamos o ângulo da latitude reduzida U para o ponto T. É construído com base no entalhe do eixo OZ a partir do ponto T com o raio igual ao semi-eixo maior a. Isto permite construir a relação

$$r=x=a \cos U \,(4.2)$$

Utilizando a expressão (4.1.) obtém-se o valor da *coordenada z* do ponto T.

$$z= b \sin U \,(4.3)$$

É possível definir a latitude reduzida como a direção associada aos círculos de pequeno e grande raio da secção do elipsoide (Fig. 4.9). Os raios pequeno e grande são iguais, respetivamente, aos semi-eixos pequeno e grande da elipse obtida como secção do elipsoide. O centro da circunferência de raio pequeno desloca-se ao longo do eixo X. O centro da circunferência de raio maior desloca-se ao longo do eixo Z (Fig.4.8). Os círculos têm um ponto comum A na superfície do elipsoide onde se tocam. Quando o ponto A se desloca ao longo da superfície do elipsoide, o centro da circunferência grande desliza ao longo do eixo Z e o centro da circunferência pequena ao longo do eixo X, de modo que os seus pontos de contacto coincidem sempre.

Assim, a latitude dada é o ângulo entre o *eixo X* e o raio de uma grande circunferência até ao ponto A, *que desliza* sobre o *eixo Z*, de modo que o raio da pequena circunferência que desliza sobre o *eixo X*, tocando o ponto A, coincide com o raio da grande circunferência. Ambas as circunferências têm o ponto A como ponto de tangência comum. As coordenadas espaciais do ponto na superfície do elipsoide são definidas por

$$X= N \cos B \cos L; \; Y= N \cos B \sin L; \; Z=N (1- e^2) \sin B \,(4.4).$$

Aqui N é o raio da primeira vertical que passa pelo ponto T na superfície do elipsoide [4].

4.7. Sistemas de coordenadas de referência

Os sistemas de coordenadas de referência [4] são utilizados para determinar as coordenadas de pontos num país ou região. *O elipsoide de referência* é um elipsoide terrestre, que é a melhor aproximação da superfície do geoide dentro da área fornecida pelo sistema de coordenadas. Ao determinar os parâmetros do elipsoide de referência, a tarefa de alinhar os centros do elipsoide e da Terra não é normalmente definida. Na Rússia, o elipsoide de referência é o elipsoide de Krasovsky e o sistema de coordenadas 1942 que lhe está associado (SK-42). De acordo com o Decreto do Conselho de Ministros da Federação Russa n.º 568 de 2000, a partir de 1 de julho de 2002 foi efectuada a transição para o novo sistema de coordenadas de referência SK-95. No SK-95 são mantidas as dimensões do elipsoide de Krasovsky (a=6378245 m, a=0,003352329869) e as antigas coordenadas do Observatório Astronómico de Pulkovo, e os eixos de coordenadas são orientados paralelamente aos eixos de coordenadas do PZ-90.

As coordenadas da rede geodésica estatal são expressas no sistema de referência, os mapas são compilados e publicados. Ao mesmo tempo, as coordenadas espaciais são preferidas às coordenadas geodésicas mais visíveis (latitude, longitude e altitude).

Desde o final do século XVII até à segunda metade do século XIX, uma figura próxima de um elipsoide de rotação foi utilizada como forma da Terra. Da segunda metade do século XIX até aos anos 40 do século XX, um elipsoide triaxial foi utilizado como modelo da Terra. O elipsoide triaxial é apenas uma aproximação da forma mais complexa do geoide. O geoide é definido utilizando o conceito de uma superfície plana.

Uma superfície plana é uma superfície em que cada ponto é ortogonal ao vetor de gravidade de um determinado corpo celeste.

Um conjunto de superfícies de nível define *um sistema de altitude*. Em cada país, a superfície de nível inicial tem o seu ponto de altura inicial, pelo que os sistemas de altitude diferem de país para país. Na Rússia, é aceite o sistema de altitude do Báltico.

O sistema de altura do Báltico é um sistema para o qual a superfície de nível inicial passa pelo ponto zero da escora de Kronstatt.

A superfície de um geoide é a superfície plana que passa pela origem da elevação.

A definição rigorosa do geoide está relacionada com o conhecimento da estrutura da crosta terrestre. Deve-se notar que existem as chamadas anomalias gravitacionais na Terra, devido às quais a superfície plana não pode ser um modelo matemático conveniente. Por isso, na prática, é utilizado o conceito de quasigeóide. Esta figura pode ser definida sem hipóteses sobre a estrutura da crosta terrestre, tem uma superfície mais suave (regular) em comparação com o geoide. *A superfície do quasigeóide* coincide com a superfície do geoide nos mares e oceanos e afasta-se dela até 2 metros na parte continental da Terra. Recorde-se que os centros de massa da terra e do oceano não coincidem.

A superfície da Terra tem uma forma complexa. [2]Da sua superfície total de 510 milhões de quilómetros, 71% é o fundo dos mares e oceanos e 29% é terra. Este facto leva a crer que a superfície da Terra é constituída por dois elementos morfológicos muito diferentes - os continentes e os oceanos.

O *elipsoide terrestre* é um elipsoide de rotação cujo plano equatorial e centro coincidem com o plano equatorial e o centro de massa da Terra e que melhor se aproxima da superfície de um geoide (quasigeóide).

O elipsoide *de referência* é um elipsoide de rotação, à superfície do qual são cartografados os materiais dos trabalhos astronómico-geodésicos, dos levantamentos topográficos e geodésicos.

O elipsoide obtido por F. Bessel foi utilizado na URSS até 1946. Os seus parâmetros:

O semi-eixo maior a é de 6377397,155 metros.

O semi-eixo maior menor b é de 6356079 m.

A compressão (a-b)/f é de 1:299,1528128.

Em 1946, o elipsoide calculado no Instituto Central de Pesquisa de Geofísica e Geofísica em 1940 sob a direção de F.N. Krasovsky com a participação de A.A. Izotov foi introduzido para uso obrigatório na URSS. Os seus parâmetros: Semi-eixo maior a - 6378245 m. Eixo semi-maior menor b - 6356863.0188 m. Compressão (a-b)/f - 1:298.3

No estrangeiro, especialmente em software SIG estrangeiro, o elipsoide de Clark é amplamente utilizado como referência. Existem dois tipos de Clark I e Clark II. Os seus parâmetros são apresentados no quadro 4.1

Tabela 4.1. Parâmetros do elipsoide de Clark [300].

	Clark I	Clarke II
Eixo principal a	6378206 м	6378249 м
Eixo semi-maior menor b	6356584 м	6356515 м
Compressão (a- b)/f	1:294.9786982	1:293.465

5. Análises em geoinformática aplicada
5.1. Abordagem de geoinformação

Existe um conceito de abordagem da informação. A geoinformática tem a sua própria abordagem - a abordagem da geoinformação. É razoável comparar as abordagens da geoinformação e da informação. Ambas as abordagens incluem a utilização de: unidades de informação [301-305], modelos, monitorização, modelização, fluxos de informação.

A abordagem da geoinformação inclui a utilização de: modelos espaciais, modelos digitais, mapas digitais, modelos de geoinformação, monitorização da geoinformação, modelação da geoinformação. Estruturalmente, a abordagem da geoinformação para a análise de processos e fenómenos é apresentada na Fig. 5.1. Consideremos as suas caraterísticas [234].

Fig.5.1 Abordagem de geoinformação

A atribuição de três grupos de dados "lugar" "tempo" "tópico" permite a classificação de diferentes dados e a sua subsequente integração num quadro de informação unificado. As três primeiras etapas não são aplicadas em informática.

Os modelos digitais e os mapas digitais têm uma função integradora, que permite combinar recursos de informação heterogéneos. A função de integração permite criar uma estrutura de hipertexto dos dados incluídos na base de informação

Os modelos visuais gráficos e cartográficos em geoinformática representam um vasto espaço de informação. Este espaço inclui muitas relações entre objectos do mundo real e os seus atributos. A estratificação dos dados com a inclusão de relações hierárquicas significa a criação de um modelo hierárquico, representado visualmente como um conjunto de camadas com temas e atributos comuns. O fundamental nesta descrição é a possibilidade de utilizar operações lógicas e teóricas de conjuntos para obter novos conhecimentos sobre os objectos de exploração e os fenómenos na superfície da Terra.

A identificação das relações espaciais permite encontrar ligações fracas e fortes, explícitas e implícitas, entre objectos situados em diferentes pontos do espaço.

A modelação visual é fundamental para a representação, interpretação e processamento de geodados. O volume e a complexidade dos geodados são tão grandes que os métodos tradicionais de análise da informação (simples) se tornam inaceitáveis. Analisemos as diferenças entre a abordagem da informação e a abordagem da geoinformação.

A abordagem da informação visa o processamento de qualquer informação e a resolução de quaisquer problemas, mas exige a adaptação das tecnologias de processamento aos dados da área em questão (tipos, escala, precisão). A abordagem da geoinformação destina-se a processar informação espacial integrada, geodados e a resolver problemas relacionados com o posicionamento e o movimento de objectos na superfície da Terra. Destina-se a resolver problemas relacionados com a ocorrência, o curso e o desaparecimento de vários processos e fenómenos na superfície da Terra. Não requer a adaptação de tecnologias, uma vez que utiliza geodados integrados.

A abordagem da informação desempenha o papel de intermediário no tratamento dos dados iniciais recolhidos pelo utilizador e na resolução das tarefas por ele definidas. A abordagem da geoinformação desempenha o papel de integrador na resolução das tarefas do utilizador. A abordagem da informação é mais orientada para o processamento, sem ter em conta as aplicações. Isto determina o seu carácter instrumental e permite a sua utilização com o envolvimento de um intermediário - um programador.

A abordagem da geoinformação centra-se não só no processamento, mas também na generalização e análise da informação com o objetivo de obter informação de gestão ou informação para apoio à decisão. Isto determina o seu carácter integrador e permite considerá-la como uma ferramenta de um especialista na matéria, por exemplo, em cartografia e medicina.

A abordagem informacional surgiu mais cedo e estava orientada para o tratamento de dados sem ter em conta as relações espaciais. Historicamente, a abordagem geoinformacional surgiu mais tarde, mas tem em conta as insuficiências da abordagem informacional e acrescenta especificidade, permitindo encontrar e utilizar relações espaciais para resolver um conjunto de problemas. O fator ambiente de coordenadas está ausente na abordagem informacional. O fator do ambiente de coordenadas na abordagem da geoinformação está presente e desempenha um papel fundamental de integração.

A abordagem da informação tem por objetivo identificar e modelizar as relações. A abordagem da geoinformação tem por objetivo identificar e utilizar ligações e relações, entre as quais as relações espaciais desempenham um papel preponderante.

A abordagem da informação caracteriza-se por um aspeto intermédio entre os métodos de tratamento e as aplicações. A abordagem da geoinformação caracteriza-se por um aspeto integrador.

Assim, a abordagem da geoinformação tem a sua própria especificidade e certas vantagens em relação às tarefas relacionadas com as relações espaciais e a distribuição espacial de qualquer informação (económica, histórica, biológica). Importa referir que a geoinformática e a informática têm os seus próprios métodos de investigação e os seus próprios domínios de aplicação.

5.2. Análise categorial em geoinformática aplicada

Em geoinformática, todos os parâmetros fixos são representados através de caraterísticas quantitativas e qualitativas. As categorias, as escalas de medição e as variáveis definidas nestas escalas de medição são utilizadas para distinguir e comparar as medições. A categoria é um conceito mais geral em relação à qualidade.

Existe uma teoria das categorias [306], que estuda as propriedades das relações entre objectos que não dependem da estrutura interna dos objectos. Em matemática, trata-se de objectos matemáticos; em geoinformática, de objectos espaciais; em informática, de objectos de informação

A teoria das categorias ocupa um lugar importante na matemática moderna, tendo encontrado aplicações na informática [307], na lógica [308], na física teórica e na geoinformática. A exposição moderna da geometria algébrica e da álgebra homológica assenta em grande medida nos conceitos da teoria das categorias. Os conceitos gerais de categorias são também ativamente utilizados na linguagem de programação funcional [306].

A teoria das categorias formaliza a estrutura matemática e os seus conceitos através de um grafo dirigido e rotulado, designado por categoria. Os nós desse grafo são designados por objectos e as arestas dirigidas rotuladas são designadas por setas (ou morfismos). [306]

Tal como definido por Eilenberg & Mac Lane [309], "Uma categoria (C) é um conjunto de elementos abstractos Ob chamados *objectos* da categoria C e elementos abstractos Map chamados *mapeamentos* de categoria

A categoria tem duas propriedades principais. A capacidade de formar setas de forma associativa. A existência de uma identidade de seta para cada objeto. A linguagem da teoria das categorias tem sido utilizada para formalizar os conceitos de outras abstracções de alto nível, como conjuntos, anéis e grupos. Informalmente, a teoria das categorias é uma teoria geral das funções. Alguns termos utilizados na teoria das categorias, incluindo o termo "morfismo", são interpretados de forma diferente do resto da matemática. Na teoria das categorias, os morfismos estão sujeitos a condições específicas da própria teoria das categorias.

As categorias são generalizações ou abstracções de muitos conceitos: matemáticos, físicos, lógicos, espaciais, analíticos, geoinformáticos. Muitos domínios das ciências podem ser formalizados pela teoria das categorias como categorias, incluindo a geoinformática. A teoria das categorias baseada na generalização permite formular e provar muitos resultados matemáticos e empíricos complexos de uma forma formal simples.

Um exemplo de categorias é a categoria dos conjuntos, em que os objectos são conjuntos e as setas são funções de transformações de um conjunto para outro. Os objectos da categoria não têm de ser conjuntos e as setas não têm de ser funções. Podem mostrar relações. Qualquer forma de formalizar a teoria de modo a que esta satisfaça as condições básicas para o comportamento dos objectos e das setas é uma categoria válida e todos os resultados da teoria das categorias se aplicam a ela. É isto que torna possível a utilização da teoria das categorias na geoinformática.

Os morfismos ou "setas" na teoria das categorias representam um processo (relação, transformação) que liga dois objectos. Em muitos casos, um morfismo preserva a estrutura dos objectos que liga. Há muitas aplicações em que os conceitos são representados por objectos e morfismos. A propriedade mais importante dos morfismos é o facto de poderem ser "compostos", ou seja, dispostos numa sequência que cria um novo morfismo.

A aplicação de categorias é uma abordagem axiomática para descrever várias classes de estruturas matemáticas ou espaciais relacionadas associadas a funções de transformação, preservando a estrutura entre elas. A aplicação da teoria das categorias permite-nos provar resultados gerais sobre qualquer um dos tipos de estruturas analíticas com base nos axiomas categoriais originais.

Por exemplo, o homomorfismo de grupo entre dois grupos "preserva a estrutura do grupo" no sentido exato. Empiricamente, é um processo de transição de um grupo para outro em que a informação sobre a estrutura do primeiro grupo é transferida para o segundo grupo. O estudo dos homomorfismos de grupos constitui então uma ferramenta para estudar as propriedades gerais dos grupos e as implicações dos axiomas de grupo. Categoria C - é constituída pelos três objectos formais seguintes

1. cclasse de objectos Ob ou Ob(C), cujos elementos são designados por objectos

2. $_C$classe Hom (A, B) ou Hom (C), ou f - cujos elementos são chamados morfismos ou setas. Cada morfismo f tem um objeto de origem A e um objeto de destino B (Fig. 5.2).

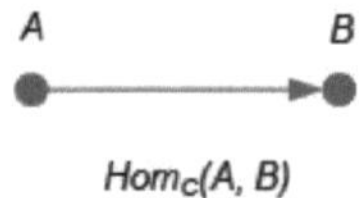

Figura 5.2. Morfismo

Na Fig. 5.2, A é um objeto de categoria, B é um mapeamento de categoria e a seta é um morfismo. Assim, cada morfismo corresponde apenas a A e B. $f: A \rightarrow B$ A expressão significa "f é um morfismo de A para B". A expressão Hom$_C$

(A, B) - alternativamente expresso como mor (A, B) ou C (A, B) - denota a *classe hom de* todos os morfismos de A para B.

3. $f: A \rightarrow B$ $B \rightarrow C$ $g \bullet f (A \rightarrow C)$ Uma operação binária ou composição de morfismos tal que, para um par de morfismos e g: , a composição é definida (Figura 5.3);

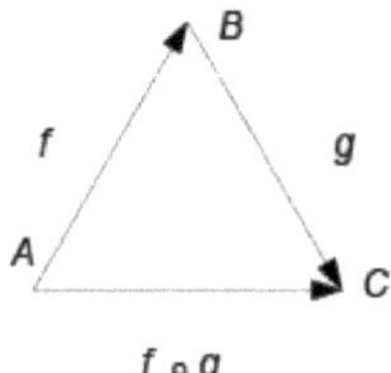

Figura 5.3. Composição de morfismos

A composição obedece a dois axiomas

$f: a \rightarrow b$, $g: b \rightarrow c$ $h: c \rightarrow d$, Associatividade se e para

$$h \circ (g \circ f) = (h \circ g) \circ f$$

Identidade. $_a$ $a \rightarrow a$, $f: a \rightarrow b$, $_b$ Para cada objeto A existe um morfismo de identidade id , de modo que para qualquer morfismo , temos id .

$\circ f = f = f \circ id_a$

A partir dos axiomas, podemos provar que, para cada objeto, existe exatamente um morfismo de identidade ou um morfismo de identidade.

A figura 1.2.1 pode ser interpretada de muitas maneiras diferentes. Exemplos.

$_C$A - parâmetros do objeto, B - resultados da medição dos parâmetros, Hom (A, B) - processo de medição dos parâmetros.

A - imagem, B - digitalização de imagem, Início (A, B) - processo de digitalização de imagem.

A - fotografia original, B - fotografia transformada, Hom$_C$

(A, B) - o processo de transformação da imagem.

$_c$A - medições primárias, B - medições unificadas, Hom (A, B) - processo de unificação das medições primárias.

Categoria menor. Uma classe de objectos não é necessariamente um conjunto no sentido da teoria axiomática dos conjuntos. $_c$ Uma categoria C em que Ob é um conjunto e Hom (C) (o conjunto de todos os morfismos da categoria) é um conjunto é chamada uma categoria menor. Também é possível (com uma ligeira correção da definição) considerar categorias em que os morfismos entre dois objectos quaisquer também formam uma classe, ou mesmo uma estrutura maior [306]. Nesta variante da definição, uma categoria em que os morfismos entre dois objectos fixos formam um conjunto é chamada localmente pequena.

Exemplos de categorias

Conjunto é uma categoria de conjuntos. Os objectos desta categoria são conjuntos e os morfismos são mapeamentos de conjuntos.

Dados - categoria de dados. Os objectos desta categoria são dados, os morfismos são mapeamentos de dados ou transformações de dados.

Geodata - categoria de geodados. Os objectos desta categoria são dados, os morfismos são mapeamentos de geodados

Modelo - categoria de modelos. Os objectos desta categoria são modelos, os morfismos são mapeamentos de modelos, transformação de modelos em novos modelos

Modelo de informação - categoria de modelos de informação. Os objectos desta categoria são modelos de informação, os morfismos são transformações de informação, interações de informação, relações de informação.

Situação de informação espacial - categoria de situações de informação espacial. Os objectos desta categoria são situações de informação, os morfismos são transformações de situações espaciais, relações espaciais

Modelo 3D espacial - uma categoria de modelos 3D espaciais. Os objectos desta categoria são modelos espaciais tridimensionais, os morfismos são transformações espaciais (em particular, serifas para a frente e para trás).

Modelo espacial 2D - categoria de modelos espaciais planos. Os objectos desta categoria são modelos planos e imagens planas, os morfismos são transformações espaciais (transformação, digitalização, melhoramento de imagens, processamento de imagens).

O modelo de geoinformação é uma categoria de modelos de geoinformação. Os objectos desta categoria são modelos de geoinformação, os morfismos são transformações de geoinformação e modelação de geoinformação.

Modelo digital - categoria de modelos digitais. Os objectos desta categoria são modelos digitais e os morfismos são transformações digitais.

Grp é uma categoria de grupos. Os objectos são grupos, os morfismos são mapeamentos que preservam a estrutura do grupo (homomorfismos de grupos).

VectK é uma categoria de espaços vectoriais sobre um campo K. Os morfismos são transformações lineares.

Topo - categoria de espaços topológicos. Morfismos - mapeamentos contínuos (conformes) (por exemplo, transformações de projecções cartográficas).

Um conjunto parcialmente ordenado é uma categoria cujos objectos são elementos de um conjunto, e existe um único morfismo entre os elementos x e y se e só se x<y. Os morfismos são relações qualitativas e quantitativas.

Met é uma categoria cujos objectos são espaços métricos e cujos morfismos são transformações curtas.

As categorias para outros sistemas são definidas da mesma forma.

Diagramas comutativos. A forma padrão de descrever relações na teoria das categorias são os diagramas comutativos (Fig. 5.4). Um diagrama comutativo é um gráfico orientado cujos vértices contêm objectos de categoria e cujas setas são morfismos, e o resultado da composição das setas não depende do caminho escolhido. Por exemplo, os axiomas da teoria das categorias (associatividade da composição e a propriedade do morfismo identidade) podem ser escritos com a ajuda de diagramas

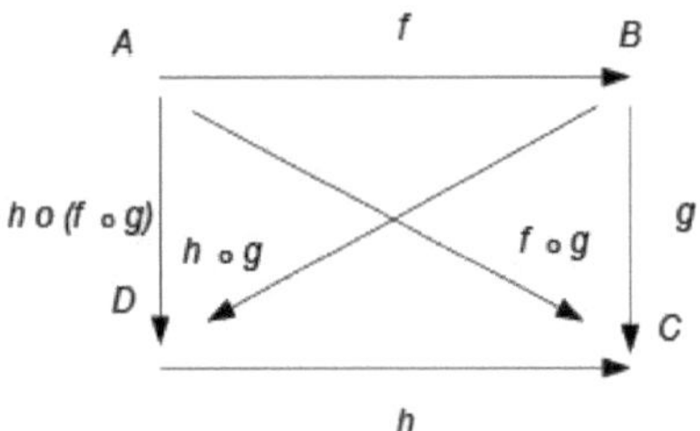

Fig. 5.4 Diagrama comutativo

Os morfismos podem ter qualquer uma das seguintes propriedades.

$f \circ g_1 = f \circ g_2$ monomorfismo (ou mónico), se então isso implica que $g_i = g_2$ para todos os morfismos $g_1, g_2: x \to a$.

$g_1 \circ f = g_2 \circ f$ epimorfismo (ou épico), se então isso implica $g_1 = g$ para todos os morfismos $g_1, g_2: b \to x$.

bimorfismo se f for épica e mónica.

$b \to a$ $f \circ g = id_b$ isomorfismo se existir um morfismo g: tal que e g

$\circ f = id_a$. [b]

endomorfismo, se a = b, então end(a) denota a classe dos endomorfismos de a .

se f é simultaneamente um endomorfismo e um isomorfismo, então aut (a) denota a classe dos automorfismos de a.

retração se a inversa direita *de f* existir, ou seja, se existir um morfismo $g: b \to a$ c $f \circ g = \mathrm{id}_b$

secção (secção) se a inversa esquerda de *f* existir, ou seja, se existir um morfismo $g: b \to a$ c $g \circ f = \mathrm{id}_a$

Dualidade. [op]Para a categoria C, podemos definir uma categoria dual C , na qual:

os objectos coincidem com os objectos da categoria original; os morfismos são obtidos por "inversão de seta": Hom cop (B, A) "Home (A, B)

O princípio da dualidade estabelece que, para qualquer afirmação da teoria das categorias, é possível formular uma afirmação dupla por meio da inversão de setas, sem que a verdade da afirmação se altere. Muitas vezes, o conceito dual é denotado pelo mesmo termo com o prefixo "co", por exemplo: seno - cosseno; tangente - cotangente, vetor covariante - vetor contravariante. Por exemplo, um vetor contravariante é um vetor coluna, um vetor covariante é um vetor linha.

Objectos iniciais e terminais. Um objeto inicial (inicial, universalmente repulsivo) de uma categoria é um objeto a partir do qual existe um único morfismo para qualquer objeto da categoria. Se existirem objectos iniciais numa categoria, todos eles são isomorfos. Um objeto terminal duplamente definido ou universalmente atrativo é um objeto para o qual existe um único morfismo a partir de qualquer objeto da categoria. Um objeto de uma categoria é chamado nulo se for simultaneamente inicial e terminal.

Exemplo: $\varnothing$, Na categoria Conjunto, o objeto inicial é o conjunto vazio , o objeto terminal é qualquer conjunto de um elemento {.}.

Exemplo: Existe um objeto nulo na categoria Grp, que é um grupo de um item.

O produto e a soma de objectos. O produto de objectos pode alterar a categoria, enquanto a soma a preserva. $_1$ $A \times B \to A$ $_2$O produto de um par de objectos A e B é um objeto (A x B) com morfismos p : e p : $A \times B \to B$, $f_1: C \to A$ $f_2: C \to B$ h: $C \to A \times B$, tal que para qualquer objeto C com morfismos e existe um único morfismo , tal que o diagrama da Fig. 5.5 é comutativo.

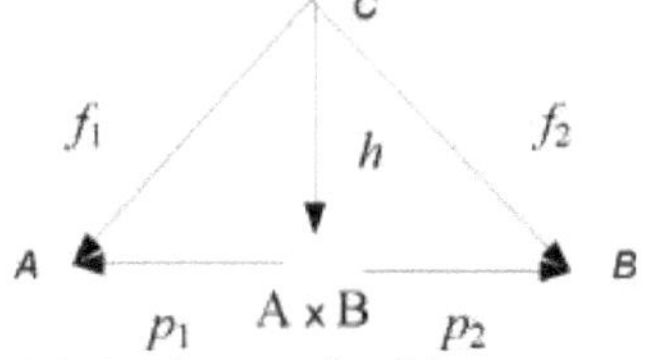

Figura 5.5. Derivação de objectos categóricos

$_1$ $A \times B \to A$ н p_2: $A \times B \to B$ Os morfismos p : são chamados projecções.

Exemplo: Na categoria Conjunto, o produto de A e B é um produto direto no sentido da teoria dos conjuntos A x B.

Na categoria Dados, o produto de X, Y, Z é o produto direto ou o sistema de coordenadas cartesianas X x Y x Z.

p_1: X × Y × Z →X , p_2: X × Y × Z →Y, p_3: X × Y × Z →Z Os morfismos são designados por projecções. Um morfismo no sistema de coordenadas cartesianas é uma projeção de um objeto espacial num plano (não necessariamente um plano de coordenadas). Morfismos - as projecções alteram a categoria (Fig. 5.6).

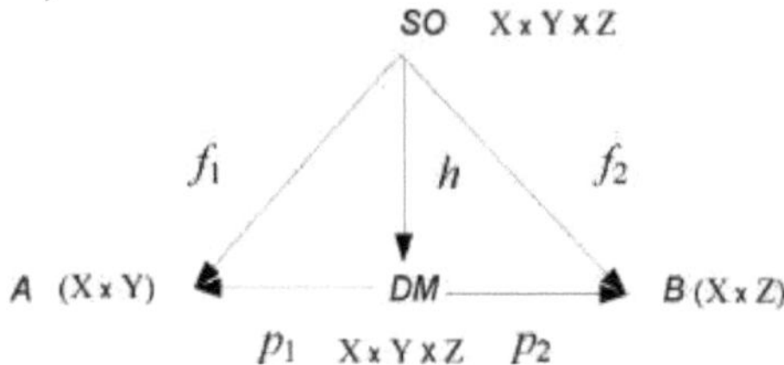

Fig5.6. Categorias de transformações espaciais

f_1: SO →A - f_2: SO →B - h: SO →DM - Na Fig5.6, SO(X x Y x Z) é um objeto 3D espacial, morfismo é a fotografia aérea, morfismo é a fotografia terrestre e morfismo é a construção de um modelo digital espacial.

$_2$A fotografia terrestre f ou a fotografia aérea $f1$ altera a categoria. A digitalização laser móvel h mantém a categoria.

Os functores (Fig. 5.7) são funções que preservam a estrutura entre categorias. Podem ser considerados como morfismos nas categorias de todas as categorias (pequenas).

O functor **covariante** F da categoria C para a categoria D, denotado por F: C D, inclui as propriedades:

para cada objeto x em C, *um* objeto $F(x)$ em D; e

f: $x \rightarrow y$ $F(f)$: $F(x) \rightarrow F(y)$, para cada morfismo em C morfismo ,

de modo a que as duas propriedades seguintes sejam válidas

Para cada objeto x em C, $F(Id_x) = Id_{F(x)}$;

Para todos os morfismos f: $x \rightarrow y$ н g: $y \rightarrow z$, $F(g \circ f) = F(g) \circ F(f)$.

F: $C \rightarrow D$ O functor **contravariante** comporta-se como um functor covariante, exceto que inverte todas as setas. F: $x \rightarrow y$

$F(f)$: $F(y) \rightarrow F(x)$ в D. Mais especificamente, a cada morfismo em C deve ser atribuído um morfismo . Por outras palavras, o functor contravariante actua como um functor covariante da categoria de oposição C para D.

$^\eta \eta\, X\!: F\,(X) \to G\,(X)\ f\!: X \to Y\, \eta\, Y \circ F\,(f) = G(X) \circ \eta X;$ Se F e G são
functores (covariantes) entre as categorias C e D, então a transformação natural
de F para G mapeia para cada objeto X em C um morfismo em D tal que, para
qualquer morfismo em C, temos isto significa que o seguinte diagrama é
comutativo

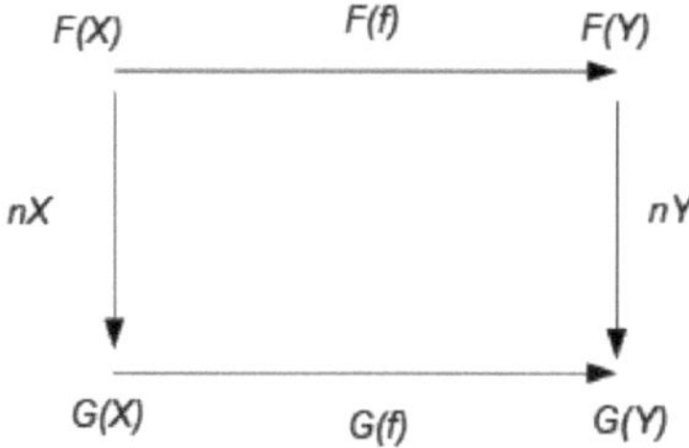

Figura 5.7. Functores

Dois functores F e G são chamados *naturalmente isomorfos* se existir uma
transformação natural de F para G tal que nX é um isomorfismo para cada
objeto X em C.

A teoria das categorias proporciona à geoinformática um formalismo para o
estudo generalizado de processos e fenómenos na elaboração de teorias e na
transferência de conhecimentos.

5.3. Complexidade em geoinformática

O problema da complexidade existe na geoinformática aplicada, bem como em
muitos domínios científicos. Existem muitos modelos de complexidade, desde
os modelos combinatórios [310] até aos modelos de complexidade difusa e
estaladiça baseados em grafos [311]. A complexidade em geoinformática deve-
se à complexidade tecnológica, à complexidade de modelização e à
complexidade computacional. Estes tipos de complexidade incluem a
complexidade estrutural e a complexidade topológica.

A complexidade em geoinformática deve-se ao possível risco da tomada de
decisões [312]. A complexidade em geoinformática deve-se à complexidade dos
algoritmos que são utilizados no processamento da informação [313]. Como
uma das ferramentas para reduzir a complexidade algorítmica, utilizo a
programação concetual [314].

As tecnologias de geoinformação são um conceito amplo que inclui o trabalho
com SIG e outras tecnologias, tais como as tecnologias de navegação por
satélite, a construção de modelos espaciais com base em varrimento laser móvel,
as tecnologias de aplicação CAD, a modelação espacial matemática, a resolução
de problemas de construções geodésicas e fotogramétricas, a aplicação da lógica
espacial e outros tipos de trabalho. Nos processos de aplicação das tecnologias
de geoinformação, surge o conceito de "complexidade". A complexidade como

caraterística dos processos computacionais é bem estudada no domínio da computação e neste domínio existe o termo "complexidade computacional". A complexidade como caraterística de um sistema é utilizada na análise de sistemas, onde se aproxima do conceito de complexidade estrutural. Na psicologia, nas ciências cognitivas e na educação, existe o conceito de complexidade cognitiva [315]. Na análise comparativa, existe o conceito de complexidade comparativa. No design, existe o conceito de complexidade de construção e de complexidade de decomposição. Em cartografia, existe a noção de complexidade topológica dos mapas [316]. Nos sistemas de exploração de software, nos sistemas de informação integrados, aplica-se o conceito de qualidade acumulada [317], que reduz a complexidade da exploração. Para analisar a complexidade em geoinformática, devemos considerar o processamento generalizado da geoinformação.

Um esquema generalizado de processamento de geoinformação.

O tratamento da geoinformação inclui as fases de recolha de descrição, modelização e tratamento informático. O sistema de tratamento da informação geoinformacional é um sistema tecnológico com partes distintas. A base da investigação e do tratamento é o objeto da realidade, que é entendido como: objeto espacial, fenómeno, processo espacial ou regularidade espacial. A regularidade espacial é frequentemente expressa através de relações espaciais. É formada uma descrição primária ou modelo infológico para o objeto de investigação. Este modelo contém os resultados da recolha de dados, que é efectuada com recurso a diferentes tecnologias. O modelo infológico é um modelo parcialmente formalizado, que necessita de ser aperfeiçoado nas fases seguintes da investigação.

Para transformar um modelo infológico [318] num modelo de geoinformação, este deve ser decomposto em partes que possam ser convenientemente modelizadas e processadas. Esta decomposição requer conjuntos de unidades de informação e estereótipos. Após a formação de um modelo de geoinformação, a modelação é efectuada utilizando sistemas de informação geográfica (SIG), sistemas de informação (SI, por exemplo, CAD), sistemas de computação (SC).

A peculiaridade do resultado do processamento da geoinformação é o facto de ter uma representação digital e visual. Etapas da formação do modelo de geoinformação , processamento e geração de resultados é controlada por um especialista (mais frequentemente) e por um operador (menos frequentemente). Ao formar um modelo de geoinformação,

processar e gerar o resultado

o especialista utiliza uma base de dados de estereótipos ou padrões. O resultado final do tratamento da geoinformação é o controlo da qualidade. Se a qualidade for baixa, os resultados não são aceites e o ciclo de tratamento é repetido. O esquema generalizado do tratamento da geoinformação caracteriza-se pela complexidade, que está relacionada com a tecnologia de tratamento.

A cadeia de complexidade nas tecnologias de geoinformação. A teoria da complexidade e os conceitos com ela relacionados surgiram em meados e finais do século XX em muitas disciplinas, incluindo o trabalho de Prigogine e o seu estudo das estruturas dissipativas na termodinâmica de não-equilíbrio, Lorenz no seu estudo dos sistemas meteorológicos e das vias causais não lineares, a teoria do caos e a sua nova divisão da matemática e o pensamento evolutivo baseado nos pontos de vista de Lamarck sobre a aprendizagem e a adaptação [319].

O principal tipo de modelação em tecnologias de geoinformação é a modelação de geoinformação. A modelização da geoinformação inclui diferentes tipos de modelização relacionados com a resolução de diferentes tarefas: cartografia eletrónica, modelização tridimensional de objectos fixos, modelização no cadastro, soluções de conceção na construção, monitorização da deformação e do assentamento de estruturas, monitorização dos transportes, integração de dados de teledeteção. Este facto determina a presença de complexidade nas tecnologias de geoinformação e a sua diversidade. A complexidade das tecnologias da informação geográfica e do tratamento da informação geográfica não pode ser reduzida a um único conceito ou parâmetro. A complexidade na geoinformática e no processamento da geoinformação é um conjunto de diferentes tipos de complexidade ligados num único sistema. A Fig. 5.8 mostra a cadeia de complexidades que existem na geoinformática. As ligações tecnológicas correspondem aos tipos de complexidade da Fig. 5.8. Estes tipos de complexidade podem ser vistos como um sistema e como um modelo de rede ou cadeia. Se considerarmos o diagrama da Fig. 5.8 como um sistema, este pode ser interpretado como um sistema de três níveis: nível de entrada: nível de modelação, nível de experiência.

Figura 5.8. Cadeia de complexidades incluídas na complexidade da

geoinformática

Três complexidades relacionadas são representadas no nível de entrada: complexidade estrutural de um objeto espacial (ou de um sistema de objectos ligados entre si); complexidade da descrição do objeto espacial (modelo descritivo do objeto); complexidade da decomposição do modelo de descrição do objeto espacial em unidades de informação que servem de base para a construção de um modelo de geoinformação ou espacial. A decomposição é possível se existir uma linguagem de informação, uma sintaxe de construção de modelos, regras de utilização dos modelos, regras de armazenamento na base de dados e regras de representação visual dos modelos espaciais. A condição da decomposição é assegurar a correspondência de informação entre um modelo espacial e um objeto espacial.

Uma caraterística do nível de modelação, incluindo a modelação espacial digital, é a dependência da qualidade do trabalho do operador humano. Assim, existem três tipos de complexidade: complexidade de modelação, complexidade de conceção, complexidade de representação 121

estão relacionados com a complexidade cognitiva do operador. A complexidade cognitiva depende da experiência, das competências e da capacidade do operador para utilizar técnicas de lógica espacial. A complexidade cognitiva está relacionada com a acumulação de experiência operacional ou com a fiabilidade acumulada.

O nível de acumulação de experiência inclui: a complexidade cognitiva; a complexidade comparativa; o resultado da modelação da geoinformação, a qualidade acumulada. A modelação da geoinformação resolve os problemas de aquisição de conhecimentos espaciais   ,   pelo que o resultado é o seguinte

A modelização geoinformática pode ser de interesse tecnológico e científico como meio de desenvolver a tecnologia e a direção científica da geoinformática. A tecnologia da geoinformação pode incluir mais do que apenas a modelação da geoinformação. A modelação auxiliar em geoinformática é a modelação lógica e a modelação espacial lógica. A modelação auxiliar é a modelação de sistemas, a modelação estrutural e a modelação da fiabilidade. A modelação auxiliar é a metamodelação, que serve de base para generalizar a experiência e construir metateorias. Todos estes elementos fazem parte do nível de aquisição de experiência e de redução da complexidade da tecnologia da informação geográfica.

A complexidade na tecnologia da informação geográfica tem semelhanças com a complexidade de Kolmogorov, a complexidade combinatória e os sistemas adaptativos complexos (SAC) [320]. Embora exista um grande número de SAC a diferentes níveis, a teoria da complexidade mostra que existem princípios comuns inter-relacionados que podem ser observados em todos os SAC.

Factores de complexidade crescente e decrescente nas acções de um especialista em informática geográfica. O termo "complexo" implica diversidade através de um grande número e uma grande variedade de partes interdependentes mas autónomas. O termo "adaptativo" refere-se à capacidade de um sistema para mudar, modificar e aprender com as experiências passadas. Os pontos fortes das tecnologias da geoinformação residem na dependência das relações entre os agentes individuais das partes do sistema (Figura 5.8) e na sua capacidade de auto-organização. Por este motivo, a qualidade e a análise da relação entre os agentes individuais determina frequentemente a qualidade do resultado da tecnologia de geoinformação, mais do que a análise das caraterísticas dos agentes individuais. No entanto, o desempenho dos agentes é muito importante e precisa de ser investigado.

Muitas vezes, em trabalhos relacionados com sistemas homem-máquina, o conceito de operador é introduzido como uma pessoa especialmente treinada para trabalhar com esses sistemas. Este operador executa a tarefa às cegas, nem sempre compreendendo claramente o significado da tarefa. No processamento de informação geográfica e nos sistemas de informação geográfica, este conceito deve ser substituído pelo conceito de "especialista". Isto deve-se ao facto de as funções de um operador quando trabalha com sistemas de informação e técnicos serem desempenhadas por um especialista na matéria. Note-se que o número de especialistas que trabalham com tecnologias de geoinformação é diverso: médicos, geodesistas, geoinformáticos, cartógrafos, especialistas em cadastro, especialistas em transportes, desenhadores, topógrafos e outros. A Fig. 5.9 mostra o esquema de trabalho de um especialista em tecnologias de geoinformação, revelando os factores de emergência e de redução da complexidade.

Figura 5.9. Factores que afectam a complexidade das tecnologias de informação geográfica.

Na Figura 5.9, os símbolos STR indicam um "especialista em aplicações" que trabalha com tecnologias de informação geográfica. Este especialista possui conhecimentos especializados que se exprimem mais frequentemente pela presença de conhecimentos tácitos. O portador do conhecimento tácito é o STR.

O símbolo ROC na Figura 5.9 indica a "qualidade do resultado do trabalho". É possível distinguir factores de proporção direta que influenciam a qualidade do trabalho. Relações de proporção direta

$\rightarrow$ A experiência STR qualidade do resultado do trabalho

$\rightarrow$ $\rightarrow$ Interface SIG qualidade do resultado do trabalho

Desempenho do sistema informático qualidade

qualidade do resultado do

trabalho

$\rightarrow$ A qualidade da tarefa de processamento é a qualidade do resultado do trabalho.

A experiência do RET afecta a qualidade do resultado do trabalho com tecnologias de geoinformação. Quanto maior for a experiência, maior será a qualidade. Quanto menor for a experiência do SIG, menor será a qualidade. A interface de um SIG ou de outro sistema de informação afecta a qualidade do resultado do trabalho. Quanto mais cómoda for a interface (Fig. 5.9) com muitas funções, menor será a complexidade do trabalho e maior será a qualidade. Pelo contrário, uma interface desconfortável aumenta a complexidade do trabalho e reduz a qualidade do resultado.

O elevado desempenho do sistema informático reduz o tempo de trabalho, simplifica a modelação e, em última análise, melhora a qualidade do resultado do trabalho. O baixo desempenho do sistema informático aumenta o tempo de trabalho, complica a modelação, aumenta a complexidade do trabalho em tecnologias de geoinformação e, em última análise, reduz a qualidade do resultado do trabalho

A qualidade da tarefa de processamento, se for correta e claramente definida, reduz a complexidade e melhora a qualidade do resultado do trabalho. Uma tarefa de processamento de baixa qualidade aumenta a complexidade, cria trabalho adicional, gera perda de tempo, conduz a um aumento da fadiga e reduz a qualidade do resultado do trabalho.

Existem factores que aumentam a complexidade do trabalho e diminuem a qualidade do resultado do trabalho. Formalmente, estes factores estão relacionados com a qualidade através dos seguintes paradigmas.

$\rightarrow$ O aumento do volume de dados diminui a qualidade do resultado do trabalho

$\rightarrow$ Aumento da complexidade cognitiva do processamento diminuição da qualidade do resultado do trabalho

$\rightarrow$ Aumento do tempo de processamento dos dados diminuição da qualidade do resultado do trabalho

O crescimento do volume de dados (Fig. 5.9) é um fator objetivo dos últimos tempos. Implica um aumento da complexidade e uma diminuição da qualidade do trabalho.

O aumento da complexidade do processamento cognitivo está associado à complexidade visual e a um aumento do número de relações no modelo ou na tarefa (Figura 5.9).

Pode chegar-se a uma conclusão geral de que a complexidade reduz a qualidade dos resultados da tecnologia da informação geográfica. Este facto pode ser expresso por modelos implicativos

→ Reduzir a complexidade e melhorar a qualidade

→ O aumento da complexidade diminui a qualidade.

Os modelos implícitos caracterizam-se pela situação de sucessão e pelo processo de sucessão. Estes modelos são caracterizados pela situação de transformação dos objectos e os modelos são caracterizados pelo processo de transformação. O processo de abstração é caraterístico dos metamodelos implicativos.

Os diferentes métodos de avaliação da complexidade são construídos com base nos princípios subjacentes. A avaliação da complexidade baseia-se no estudo das relações entre os modelos, o objeto original e o resultado da modelização. A avaliação da complexidade depende da situação de informação. Em diferentes situações de informação, a complexidade tem diferentes tipos e é avaliada de forma diferente. Consideremos o exemplo da digitalização de mapas.

Um mapa, ao contrário de uma fotografia, não copia cegamente a realidade, mas é feito pelo homem e é um trabalho de criação cartográfica. Na cartografia, existe um conceito de "exibição exagerada" e de deslocação. A tarefa do cartógrafo é mostrar "distinguibilidade" e "distinguibilidade". A exibição exagerada é realizada especialmente em mapas de pequena escala (por exemplo, lagos), a fim de distinguir o objeto cartografado de um ponto. Distinguibilidade ou deslocamento é a separação espacial dos objectos no mapa para que não se fundam num único objeto. Estes objectos incluem casas em áreas urbanas densas e margens de rios e ribeiras.

Por conseguinte, ao digitalizar mapas, os objectos cartográficos não podem ser transferidos cegamente para um mapa digital. Esta transformação deve ser efectuada com a participação de um cartógrafo especializado. Este é um exemplo da complexidade cognitiva que envolve o trabalho com certos tipos de modelos espaciais. É necessário recordar que um mapa exprime, em primeiro lugar, caraterísticas qualitativas e, em segundo lugar, caraterísticas quantitativas. Um mapa exprime, em primeiro lugar, relações topológicas e, em segundo lugar, relações geométricas. Por conseguinte, as medições ou a numeração de um mapa devem ser feitas tendo em conta estes factores. Isto também determina a complexidade cognitiva.

Nas tecnologias de geoinformação, regra geral, não existe um modo de controlo central. O controlo e o tratamento da informação são efectuados no sistema através de agentes individuais (especialistas, operadores). Isto permite que o sistema SIG responda e se adapte mais rapidamente e em maior grau do que se houvesse apenas uma fonte de controlo.

A complexidade em geoinformática é um fenómeno multidimensional e manifesta-se em função da situação e da tarefa atribuída ao profissional. A complexidade em geoinformática pode ser considerada como um tipo especial de complexidade ou como uma complexidade complexa. A complexidade em geoinformática, numa perspetiva sistémica, pode ser vista como um sistema de complexidades ou uma cadeia de complexidades relacionadas. O termo "complexo" implica diversidade através de um grande número e de uma grande variedade de partes complexas interdependentes mas autónomas. O termo "complexo" implica não só dificuldades, mas também oportunidades de adaptação em condições de trabalho complexas.

6. Modelos em geoinformática aplicada
6.1. Caraterísticas dos modelos de informação geográfica

Os modelos de geoinformação, tal como os geodados, têm três grupos de caraterísticas (Figura 6.1): espaciais (lugar); temporais (tempo); temáticas (tópico). As caraterísticas espaciais definem a posição do modelo num determinado sistema de coordenadas. Estas caraterísticas estão associadas a sistemas de coordenadas, pelo que este grupo é frequentemente designado por coordenadas. Além disso, as caraterísticas espaciais são designadas por caraterísticas métricas porque permitem várias medições e cálculos. O principal requisito para as caraterísticas espaciais é a exatidão. Isto significa que as caraterísticas espaciais definem a posição de um modelo num sistema de coordenadas ou em relação a outros modelos com uma certa precisão.

Fig.6.1 Principais caraterísticas dos modelos de dados em geoinformática

As caraterísticas temporais definem o tempo de obtenção da construção do modelo ou o tempo de modelação. Mostram a dependência das mudanças nas caraterísticas do modelo (e do objeto) com a passagem do tempo. As caraterísticas temporais do modelo de informação geográfica [122] (GM) permitem estudar processos dinâmicos. Permitem igualmente organizar o controlo em tempo real. O principal requisito para os dados temporais é a relevância. Isto significa que as caraterísticas do modelo estão próximas das caraterísticas dos objectos reais no momento atual. Os dados irrelevantes são dados desactualizados que não podem ser aplicados em novas condições alteradas.

As caraterísticas temáticas do modelo descrevem caraterísticas da GM que não são espaciais ou temporais. Incluem caraterísticas económicas, estatísticas, técnicas, organizacionais, de gestão e outros tipos de caraterísticas. Os principais requisitos para as caraterísticas dos dados temáticos são a exaustividade e a representatividade. A exaustividade significa que os dados temáticos são suficientes para resolver problemas práticos. Representatividade significa que os dados temáticos do modelo reflectem de forma bastante objetiva as caraterísticas relevantes do objeto de modelização.

Existem outras caraterísticas gerais dos modelos, por exemplo, fiabilidade, validade, etc. Estas caraterísticas estão relacionadas com a qualidade do modelo e não se aplicam a todos os grupos. Ao processar e armazenar GMs, um critério importante para a sua utilização é a estabilidade ou a baixa variabilidade. Entre os três grupos de caraterísticas dos MG, os dados de coordenadas, o grupo "lugar" tem a maior estabilidade. A elevada estabilidade do grupo de coordenadas justifica a integração das caraterísticas dos modelos com base no grupo "lugar".

Os outros dois grupos de dados são caracterizados por uma maior variabilidade. De acordo com este critério, são reunidos numa única classe designada por atributos (Fig. 6.1). Assim, a aplicação do critério de estabilidade permite categorizar os geodados em dois grupos.

Um modelo de informação geográfica é um modelo unificador. Inclui todas as informações provenientes de diferentes tecnologias de recolha.

A sua caraterística é o facto de conter uma classe de caraterísticas ou dados que não estão explicitamente presentes quando a informação é recolhida. Trata-se de dados associativos. Os dados associativos constituem a ligação entre a representação visual do modelo e a sua representação digital na base de dados. Servem de base ao tratamento da informação no SIG.

Assim, o critério de estabilidade permite-nos dividir as caraterísticas GM em dois grupos de "coordenadas" e "atributivas", e o *critério de conexão* permite-nos formar caraterísticas "associativas". Existe uma diferença qualitativa entre elas. O utilizador trabalha apenas com dados de "coordenadas" e de "atributos", enquanto que os dados "associativos" estão integrados no mecanismo SIG e este trabalha com eles.

6.2. Modelos visuais

As formas gráficas, cartográficas e gráficas de representação do GM são designadas por modelos visuais. Os modelos visuais podem ser representados através de computação gráfica e, se necessário, convertidos em originais em papel. Os modelos visuais de geoinformação servem de base para a análise espacial. A sua estrutura é apresentada na Fig. 6.2. Os dados gráficos podem ter uma representação vetorial ou raster. Os dados vectoriais podem ou não conter informação sobre a topologia do objeto.

A topologia define as relações entre partes de um modelo ou entre modelos. Por exemplo, a confluência de dois rios tem um tipo de relação topológica e o cruzamento de uma rua tem outro. Duas estradas podem intersectar-se ou passar uma sobre a outra. A forma vetorial não topológica de representação de um objeto responde à pergunta: "*Onde está localizado o objeto? A forma de* representação topológica de um vetor responde às questões: "*Onde está localizado o objeto? Que ligações tem com outros objectos?*" (Fig.6.2.).

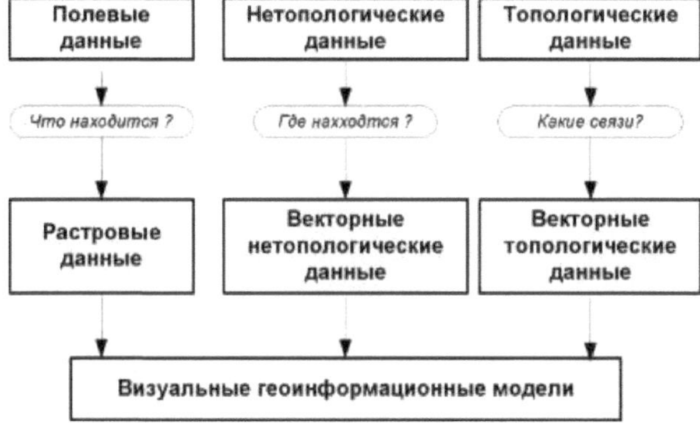

Fig. 6.2. Estrutura dos dados gráficos

Os modelos de geoinformação devem necessariamente ter caraterísticas topológicas. A definição da topologia é fixada semanticamente durante a recolha de informação métrica. A introdução da topologia é efectuada com base na modelização semântica após a recolha de informação métrica.

Existe uma diferença qualitativa entre as representações vectoriais e raster de modelos em geoinformática. Os dados raster representam campos de dados e são baseados em campos. Representam objectos e o fundo no qual os objectos estão localizados. Os sistemas de informação geográfica que utilizam modelos raster como principal fonte de informação são designados por sistemas baseados no terreno.

Os modelos vectoriais em geoinformática aplicada representam contornos espaciais ou objectos lineares e campos espaciais vectoriais. Têm uma natureza baseada em objectos. Por conseguinte, os sistemas de informação geográfica que utilizam modelos vectoriais como principal fonte de informação são designados por baseados em objectos.

Os modelos raster em geoinformática aplicada representam objectos espaciais de área e campos espaciais vectoriais de área ou de massa. Os modelos raster são obtidos por digitalização. Caracterizam a forma de campo dos modelos. Para o processamento posterior da informação, a forma raster dos modelos é convertida na forma vetorial dos mesmos modelos. A conversão da forma raster para a forma vetorial significa a transição da representação de campo dos modelos para a representação de objeto dos modelos. Na transição da forma raster para a forma vetorial, procede-se à seleção (seleção de caraterísticas de um determinado tipo) e à redução essencial (100-1000 vezes) do volume do modelo de geoinformação, mas com preservação da informatividade [322, 322] da descrição dos objectos espaciais.

A transformação raster-vetorial (vectorização) é aplicada na interpretação de imagens aeroespaciais digitalizadas, em métodos de processamento de imagens cartográficas raster, no processamento de dados recebidos de câmaras digitais, etc. A forma de representação dos dados de atributos é descritiva. De um modo geral, existem as seguintes formas de representação de geodados: analítica (fórmulas, funções), topológica (gráficos); gráfica (mapas, figuras); tabular (quadros); textual; cartográfica.

Para o tratamento em sistemas de informação e geoinformação, os dados de atributos são convertidos numa forma de representação em tabela. Um quadro que contém atributos de objectos é designado por quadro de atributos. Nela, cada objeto corresponde a uma linha do quadro e cada atributo temático corresponde a uma coluna do quadro. A utilização de tabelas é também ditada pelo facto de a tabela ser o modelo de base das bases de dados relacionais.

A forma temporal pode ser reflectida de várias maneiras: fixando numa tabela ou em várias tabelas os atributos de um dado objeto para diferentes fases do tempo; especificando o período de existência dos objectos; correlacionando a informação recolhida com determinados momentos do tempo; especificando a velocidade de movimento dos objectos.

6.3. Classes de modelos de coordenadas

Todos os modelos de coordenadas utilizam as caraterísticas do "lugar". No entanto, existe uma diferença qualitativa entre eles que permite a sua categorização em classes de modelos de coordenadas. Um dos principais objectivos dos modelos de coordenadas é representar as propriedades espaciais dos objectos. Os objectos espaciais têm uma determinada forma, o que exige uma correspondência de informação entre a forma do modelo e a forma do objeto.

A análise dos objectos espaciais permite-nos dividi-los nas seguintes classes: conjuntos de objectos individuais localizados; conjuntos de objectos lineares e de rede; conjuntos de objectos de área (areal). Estas classes de objectos espaciais servem de base à organização de três classes de modelos de geoinformação (Fig. 6.3).

Em correspondência informativa com o agrupamento de objectos espaciais em geoinformática, são utilizadas as principais classes de modelos: modelos pontuais, lineares e de área. Os modelos pontuais representam objectos localizados separadamente. Os modelos lineares representam linhas ou contornos (limites de áreas). Os modelos de área representam territórios. Em alguns sistemas, a descrição dos tipos de modelos básicos inclui o conceito de *rede espacial*, que é uma extensão do tipo de dados *de vizinhança*. Os contornos e as linhas são frequentemente combinados pelo termo comum "objectos lineares". Assim, o número de classes principais de modelos de coordenadas varia de três a cinco em diferentes SIG.

Modelos pontuais. Os modelos *de geoinformação pontual* são uma classe de modelos que representam objectos espaciais localizados numa pequena parte do espaço.

Os modelos pontuais contêm duas propriedades principais e respondem a duas perguntas.

Mostram **onde** um objeto está localizado, por exemplo, num sistema de coordenadas geográficas.

Apresentam uma breve caraterização do objeto e mostram **de que tipo de** objeto se trata.

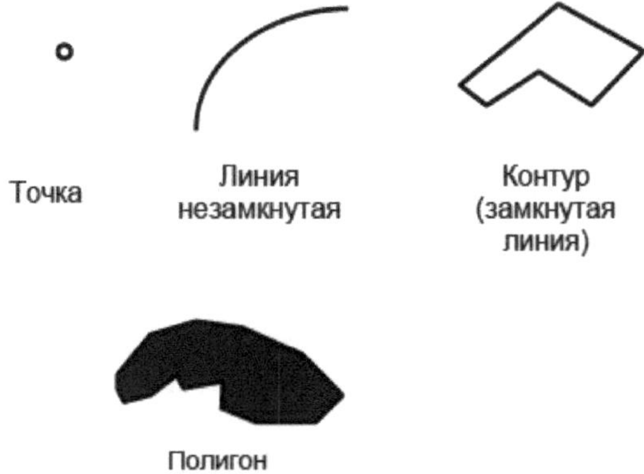

Fig.6.3 Tipos de modelos de objectos espaciais

Os modelos de pontos não definem as dimensões de um objeto, mas sim a sua localização. Este tipo de modelo inclui todos os símbolos de pontos. A escolha dos objectos representados como pontos depende da escala do mapa ou do levantamento. Por exemplo, num mapa de grande escala, os modelos de pontos mostram edifícios individuais, e num mapa de pequena escala, os modelos de pontos mostram cidades. Os modelos de geoinformação pontual podem ser armazenados de duas formas: como ficheiros gráficos, como outros objectos espaciais; como tabelas, como atributos. Esta última forma deve-se ao facto de os modelos de pontos serem sempre caracterizados por apenas duas coordenadas. Por conseguinte, a informação sobre os modelos de pontos pode sempre ser armazenada como uma tabela com o mesmo número de colunas.

Para além das coordenadas, esta tabela pode conter números de identificação, caraterísticas temáticas, etc. Nestes quadros, cada linha corresponde a um modelo de ponto - contém toda a informação. Cada coluna é uma caraterística que contém dados tipificados: coordenadas ou atributos. Cada ponto é independente de todos os outros pontos representados por linhas individuais. Os modelos de pontos não têm caraterísticas topológicas. A unidade de informação de um modelo de pontos - um ponto - é uma abstração matemática e serve de base para a localização.

Modelos lineares. Os modelos *lineares de geoinformação* são uma classe de modelos que representam objectos espaciais alargados através de linhas ou redes. Este modelo é formado por um conjunto de linhas ligadas entre si, o que determina o seu nome. Os modelos lineares respondem às seguintes questões.

1. O mostram *onde o* objeto está localizado, por exemplo, num sistema de coordenadas geográficas.

2. Mostram *que tipo de* objeto é e dão uma breve caraterização do objeto.

3. Mostram *quais* são *as dimensões lineares do* objeto.

4. Mostram *em que relação* um objeto se encontra em relação a outros objectos

Os modelos lineares de geoinformação caracterizam-se pela presença de caraterísticas topológicas. Qualquer modelo linear é constituído por nós (vértices) e linhas (arcos). Para cada nó existe uma caraterística topológica denominada *valência*, definida pelo número de segmentos de reta que nele se intersectam. Por exemplo, as extremidades de linhas isoladas são univalentes. Nas redes de ruas (intersecções do tipo transversal), os nós quadrivalentes são os mais caraterísticos. Em hidrologia, os nós trivalentes são os mais comuns.

No modelo hierárquico, cada par de nós tem apenas uma ligação, não sendo permitidos loops ou laços fechados. Este modelo descreve parte das redes fluviais (sem ilhas). A presença de ilhas requer um modelo de rede.

Os objectos lineares, tal como os objectos pontuais, têm os seus próprios atributos, que são diferentes para arcos (ligações) e nós. Para objectos pontuais é necessário especificar um valor de coordenadas, para objectos lineares - pelo menos dois (para os pontos inicial e final). Num caso mais geral, o número de pontos num modelo linear é arbitrário. A unidade de informação do modelo linear - *linha* serve de base para a criação de modelos vectoriais.

Modelos areais. Os modelos *de geoinformação areal* são uma classe de modelos que representam objectos espaciais com limites fechados e a presença de algumas propriedades dentro desses limites. Os modelos areais respondem às seguintes questões.

1. O mostram *onde o* objeto está localizado, por exemplo, num sistema de coordenadas geográficas.

2. Mostram *que tipo de* objeto é e dão uma breve caraterização do objeto.

3. Mostram *quais* são *as dimensões lineares do* objeto.

4. Mostram *quais* são *as dimensões da área do* objeto.

5. Mostram *quais são as propriedades dos limites* do objeto.

6. Mostram *quais são as propriedades de um objeto* dentro dos limites.

7. Mostram *em que relação* um objeto se encontra em relação a outros

objectos

Os modelos areais respondem a mais questões e são os mais informativos dos modelos de coordenadas. Os modelos areais, tal como os modelos lineares, podem ter caraterísticas topológicas. Nos modelos areais, os limites podem ser definidos por uma propriedade ou fenómeno, bem como independentemente do fenómeno. Os limites podem corresponder aos limites de uma caraterística espacial (limite do estado), de um fenómeno (zona de inundação ou de incêndio) ou ser artificialmente estabelecidos (por exemplo, para bairros).

Cada um dos modelos tem a sua própria unidade de informação. Para os modelos pontuais, a unidade de informação é um ponto. Para os modelos lineares, a unidade de informação é um segmento de reta. A unidade de informação de um modelo areolar é uma unidade de área. Nos modelos raster e nas imagens, a unidade de informação do modelo areolar é um *pixel*. Serve de base para a construção de modelos de área de qualquer forma.

6.4. Exatidão dos modelos de geoinformação

A utilização de qualquer informação é aceitável se cumprir determinados critérios e normas. Um dos critérios para a aplicabilidade dos dados espaciais e temporais em geoinformática é a exatidão.

A exatidão é definida como - a proximidade dos resultados, cálculos ou estimativas em relação aos valores reais ou aos valores que se supõe serem reais. Por exemplo, a exatidão de um horizonte obtido após digitalização ou scanning pode ser avaliada comparando-o com o horizonte do mapa original. Consideremos vários indicadores de exatidão nos modelos de informação geográfica: exatidão de cálculo, exatidão de medição, exatidão de representação.

A exatidão do cálculo é determinada pelo número de algarismos significativos após o ponto decimal,

A exatidão das medições é determinada pelo número de algarismos significativos nas medições

A exatidão da representação é determinada pelo número de dígitos que descrevem os dados das coordenadas.

O termo dígitos "significativos" significa que o dígito contém informação útil. Por exemplo, é possível calcular um número com 20 casas decimais num cálculo. Mas se o algoritmo de cálculo criar um erro na terceira casa decimal, não faz sentido escrever todos os dígitos após a segunda casa decimal. A exatidão de um cálculo é normalmente superior à exatidão de uma medição. A exatidão faz parte do complexo de dados, que define um indicador importante - a qualidade dos dados.

A precisão posicional é expressa como o grau de desvio dos dados de localização em relação à verdadeira posição do objeto no terreno. Normalmente, a exatidão cartográfica é definida, grosso modo, pela espessura da linha ou 0,4

mm. Isto corresponde a 10 m numa escala de 1:25.000.

A exatidão dos atributos é determinada pela proximidade dos valores dos atributos em relação ao seu valor real. Os atributos podem mudar com mais frequência ao longo do tempo em comparação com os dados de coordenadas.

6.5. Modelos topológicos

Os modelos topológicos são um conceito mais amplo do que os modelos vectoriais em geoinformática. As ideias mais simples da topologia resultam da observação direta do mundo que nos rodeia. As ideias e os métodos da topologia são de interesse teórico e prático para a geoinformática. A descrição das propriedades espaciais dos objectos do mundo real não se esgota na informação sobre as suas caraterísticas "métricas". Por exemplo, uma linha normal que descreve um objeto espacial pode ser fechada ou não fechada; pode ou não intersectar outra linha; pode ou não formar nós. Os corpos, as suas superfícies, podem ter "buracos".

As propriedades topológicas dos objectos espaciais são aquelas que não se alteram sob quaisquer deformações feitas sem rupturas ou ligações. Para além das figuras geométricas elementares, muitos objectos matemáticos têm propriedades topológicas. As primeiras observações importantes e as relações topológicas exactas foram descobertas já com Euler, Gauss e Riemann. A topologia como secção da ciência foi fundada no final do século XIX por A. Poincaré. A ideia básica da topologia é a ideia de continuidade. Esta ideia encontra-se também na análise matemática. A ideia de continuidade recebe o seu desenvolvimento completo e abrangente na topologia.

Um grande número de objectos espaciais em geoinformática tem uma variedade de ligações e relações espaciais. Isto leva à necessidade de especificar uma descrição topológica dos objectos. Nestes casos, são utilizados modelos topológicos para descrever esses objectos.

Os modelos topológicos são modelos que reflectem relações mútuas entre objectos que são independentes das propriedades morfológicas dos objectos.

A Fig. 6.4 mostra modelos topologicamente relacionados. Estes modelos (figuras) têm a mesma topologia - as mesmas propriedades topológicas.

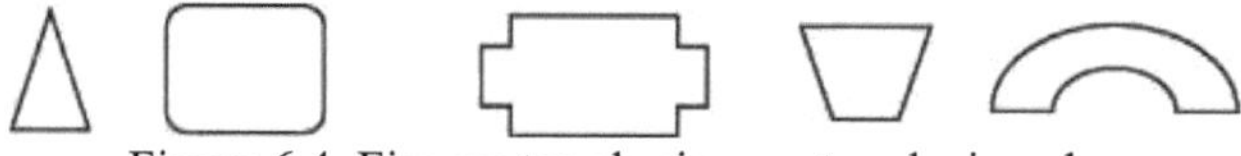

Figura 6.4. Figuras topologicamente relacionadas

Outro exemplo de figuras topologicamente relacionadas são os sinais aritméticos da adição " + " e da multiplicação " x ". Os modelos gráficos da geoinformática diferem significativamente dos modelos CAD pelas suas caraterísticas topológicas. Esta diferença pode ser observada no software e no hardware destes sistemas. Os modelos topológicos permitem representar os elementos do mapa e todo o mapa como um conjunto de gráficos. A base teórica dos modelos topológicos é a topologia algébrica e a teoria dos grafos. De acordo com a topologia algébrica, os tipos de dados coordenados: áreas, linhas e pontos são designados por 2-células, 1-células e 0-células, respetivamente. Um mapa é considerado como um complexo de células bidimensional orientado.

As caraterísticas topológicas devem ser calculadas durante as transformações quantitativas dos modelos de objectos e depois armazenadas na base de dados 138 dados topológicos juntamente com dados de coordenadas. Em geoinformática, um modelo topológico é definido pela presença das seguintes caraterísticas Conectividade dos vectores - as curvas de nível, as estradas e outros vectores devem ser armazenados não como conjuntos de pontos independentes, mas como objectos interligados (Fig. 6.5).

Figura 6.5 Propriedades topológicas: conetividade, adjacência e proximidade 8.

Conectividade e adjacência de vizinhança - informação sobre a localização mútua de vizinhanças e nós de interrupção de vizinhança (Fig. 6.5); Proximidade - indicador da proximidade espacial de objectos lineares ou áreas (Fig. 6.5), avaliado por um parâmetro numérico, neste caso o símbolo 8.

Intersecção - a informação sobre os tipos de intersecção permite reproduzir pontes e intersecções rodoviárias (Fig. 6.6). Assim, a intersecção em forma de L (2 linhas) é bivalente; a intersecção em forma de T (3 linhas) é trivalente; e a intersecção em forma de X (4 linhas) é designada por quadrivalente;

Fig.6.6 Intersecções: bivalente, trivalente e
quadrivalente.

As caraterísticas topológicas dos objectos lineares podem ser representadas visualmente através de gráficos ligados. Um gráfico preserva a estrutura do modelo com todos os nós e intersecções. Assemelha-se a um mapa com escala distorcida. Um exemplo de um gráfico deste tipo é um esquema de metropolitano. A diferença entre um mapa subterrâneo e um diagrama subterrâneo reflecte a diferença entre um mapa e um gráfico.

Os nós do grafo que descreve o modelo cartográfico correspondem a cruzamentos de estradas, locais onde as estradas se encontram com pontes, cruzamentos de estradas, etc. As arestas deste grafo descrevem troços de estrada e objectos que os ligam. Neste modelo, o comprimento das arestas não pode ter uma carga informativa. As caraterísticas topológicas dos objectos de área são representadas através de dois tipos de gráficos: cobertura e adjacência.

Topologização - procedimento de introdução de propriedades topológicas em modelos vectoriais. Como caso especial, **a topologização é a** transformação de um modelo vetorial linear do tipo *"esparguete"* (Fig. 6.7a) num modelo *topológico* (Fig. 6.76)

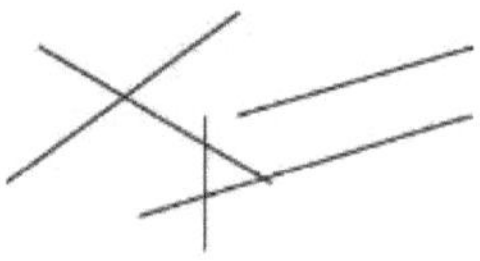

Fig. 6.7 Modelo vetorial do tipo "esparguete" a), modelo topológico vetorial b)

O modelo vetorial do tipo esparguete representa um conjunto de objectos lineares não ligados, sobrepostos uns aos outros, sem especificar e ter em conta a sua intersecção e as suas articulações. É obtido por vectorização automática e quando os objectos lineares não têm caraterísticas topológicas. Em contraste com este modelo, o modelo vetorial topológico (Fig. 6.7b) tem em conta as propriedades topológicas, nomeadamente a conetividade dos objectos lineares, a indicação dos seus pontos de intersecção e de junção.

Na Fig. 6.7b, as intersecções são assinaladas por pontos (nós). A base teórica dos modelos topológicos é a topologia algébrica e a teoria dos grafos. De acordo com a topologia algébrica, os tipos de dados coordenados: áreas, linhas e pontos são designados por 2-células, 1-células e 0-células, respetivamente. Um mapa é considerado como um complexo de células bidimensional orientado.

As caraterísticas topológicas são armazenadas na base de dados juntamente com os dados de coordenadas. As caraterísticas topológicas dos objectos lineares podem ser representadas visualmente através de gráficos ligados. Um gráfico preserva a estrutura do modelo com todos os nós e intersecções. Assemelha-se a um mapa com uma escala distorcida. Um exemplo de um gráfico deste tipo é um esquema subterrâneo. A distinção entre um mapa subterrâneo e um esquema subterrâneo reflecte a diferença entre um modelo espacial métrico - um mapa - e um modelo topológico não métrico - um gráfico. As caraterísticas topológicas dos objectos de área são representadas por meio de gráficos de dois tipos:

cobertura e adjacência.

O gráfico de cobertura de objectos espaciais é um modelo que representa de forma simplista a localização real dos objectos. Podemos dizer que o gráfico de cobertura corresponde à realidade espacial visível.

O gráfico de cobertura dos objectos de área corresponde (topologicamente homomórfico) ao mapa de contorno dos distritos correspondentes. As arestas deste grafo descrevem os limites entre os distritos e os seus nós representam os pontos de ligação dos distritos. O grau de um vértice desse grafo é o número de distritos que se interligam nele.

O gráfico de adjacência de objectos espaciais é um modelo que representa as relações entre objectos espaciais. Podemos dizer que o gráfico de adjacência corresponde às ligações da realidade espacial. Este modelo é artificial, o seu objetivo é analisar espacialmente as ligações entre objectos.

Um gráfico de adjacência é um gráfico de cobertura virado do avesso. Nele, os bairros são representados por nós e um par de bairros adjacentes por arestas. Com base neste gráfico, é possível responder à questão de saber se a área em causa é transitável, dividida em áreas transitáveis ou intransitáveis. As caraterísticas topológicas são acompanhadas de informações posicionais e descritivas.

Na primeira fase da construção de modelos de geoinformação, são construídos objectos lineares e de área. Depois disso, a topologia é "criada". Estes processos incluem o cálculo e a codificação das relações entre pontos, linhas e áreas.

As intersecções e ligações têm representação vetorial. As caraterísticas topológicas são registadas durante a codificação dos dados como atributos adicionais. Este processo é efectuado automaticamente em muitos SIG durante a digitalização de dados (cartográficos ou fotogramétricos).

Os objectos são ligados por um conjunto de relações entre eles. Por sua vez, as relações definem conjuntos de ligações. Os exemplos mais simples de tais relações são: "mais próximo de ...", "intersecta", "ligado a ...". A cada objeto pode ser atribuída uma caraterística, que é um identificador do objeto mais próximo da mesma classe; desta forma, são codificadas as relações entre pares de objectos.

6.6. Modelos vectoriais

Os modelos de geoinformação podem ter uma representação vetorial ou *raster* (celular), conter ou não caraterísticas topológicas. Esta abordagem permite classificar os modelos gráficos em três tipos: modelo raster; modelo vetorial não topológico; modelo vetorial topológico. Todos estes modelos são mutuamente transformáveis.

Os modelos de dados vectoriais são construídos com base em linhas que ocupam uma parte do espaço, ao contrário dos modelos raster que ocupam todo o espaço. Este facto determina a sua principal vantagem - requerem muito menos memória para armazenamento e menos tempo para processamento e representação. Os modelos vectoriais são criados através da ligação de pontos por linhas rectas, arcos e polilinhas. Os objectos quadrados nos modelos vectoriais são definidos por conjuntos de linhas.

Na realidade, não se trata de linhas e pontos abstractos, mas de objectos que contêm linhas e intervalos, ocupando uma posição espacial, e com relações complexas entre eles. Por conseguinte, um modelo completo de dados vectoriais descreve os dados espaciais como um conjunto das seguintes partes principais objectos geométricos (métricos) (pontos, linhas e polígonos);

atributos - atributos associados a objectos;

ligações entre objectos.

Os modelos vectoriais apresentam todos os tipos de modelos de coordenadas: ponto, linha, área. Estes tipos de modelos de coordenadas são definidos através da unidade de informação *linha* da seguinte forma. Um ponto é definido como uma reta de comprimento zero. Uma linha é definida como uma linha de comprimento finito. Uma área é representada por uma sequência de segmentos lineares interligados.

Os modelos vectoriais são obtidos de diferentes formas. Uma das mais comuns é a vectorização de imagens digitalizadas (raster). Consiste na extração de objectos vectoriais da imagem digitalizada e na sua obtenção em formato vetorial. Outra forma é construir um modelo no modo de edição.

Alguns objectos são objectos vectoriais por definição, por exemplo, estradas, limites de parcelas de terreno relevantes, limites de distritos, etc. Por conseguinte, os modelos vectoriais são normalmente utilizados para recolher dados sobre limites e objectos lineares ou de rede longos.

As operações de análise e de conceção são mais fáceis de realizar em formato vetorial. Por exemplo, análise de redes, desenvolvimento de itinerários de tráfego na rede rodoviária, análise da intensidade do tráfego, etc.

Nos formatos raster, um objeto pontual deve ocupar uma célula inteira. Isto cria uma série de dificuldades relacionadas com a relação entre o tamanho da imagem e o tamanho do objeto.

Quanto à precisão dos dados vectoriais, é possível falar da vantagem dos modelos vectoriais em relação aos modelos raster, porque os dados vectoriais podem ser codificados com qualquer grau de precisão concebível, que é limitado apenas pelas possibilidades do método interno de representação de coordenadas. Normalmente, são utilizadas 8 ou 16 casas decimais (precisão simples ou dupla) para representar dados vectoriais.

Apenas algumas classes de dados obtidos por medição correspondem à precisão dos dados vectoriais. Trata-se de dados obtidos por levantamento topográfico de precisão (geometria de coordenadas); mapas de pequenas áreas elaborados a partir de coordenadas topográficas e fronteiras políticas definidas por levantamento topográfico de precisão.

Nem todos os fenómenos naturais têm limites claros caraterísticos que possam ser representados como linhas matematicamente definidas. Isto deve-se à dinâmica dos fenómenos ou à forma como a informação espacial é recolhida. Os solos, os tipos de vegetação, os declives, o habitat da vida selvagem - todos estes objectos não têm limites claros.

6.7. Modelos rasterizados

Os modelos *raster* são modelos espaciais que descrevem a realidade espacial, nos quais todo o objeto (o território em estudo) é mapeado discretamente numa área. A representação dos modelos no ecrã do computador é sempre raster, independentemente do facto de o modelo inicial ser raster ou vetorial. É razoável comparar modelos vectoriais e modelos raster. Em ambos os modelos existem objectos pontuais, lineares e de área. A Fig. 6.9 mostra elementos pontuais de modelos vectoriais e raster.

Fig.6.8 Elementos pontuais do modelo vetorial e do modelo raster.

O elemento de base (unidade de informação) de um modelo vetorial é uma linha e um ponto matemático que, embora apareça com uma certa designação, não tem dimensões geométricas. O elemento básico (unidade de informação) de um modelo raster é um pixel, que tem dimensões bem determinadas e ocupa uma certa área do espaço.

O elemento básico de um modelo vetorial tem coordenadas medidas numa escala de intervalos. Isto significa que a vizinhança de um ponto pode ser tão próxima quanto desejado da vizinhança de outro ponto. Os pontos podem estar próximos ou distantes por qualquer distância.

O elemento básico do modelo raster tem coordenadas medidas numa escala inteira. Isto significa que os pontos vizinhos podem ser vizinhos (Fig. 6.9) ou separados por uma distância múltipla de um número inteiro de pixéis. Na Fig.6.9, o elemento básico do modelo raster é apresentado a cores claras e a sua vizinhança fixa a cores escuras.

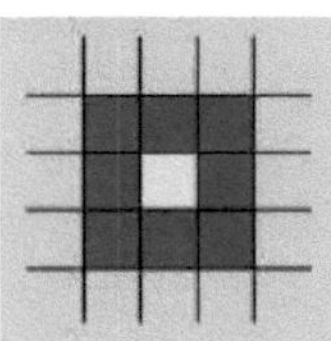

Fig.6.9 Vizinhança do pixel no sistema de coordenadas inteiras.

A comparação de objectos lineares rasterizados e vectoriais também realça a diferença entre eles. A Fig. 6.10. mostra segmentos de reta para o modelo raster e para o modelo vetorial.

Fig.6.10. Segmentos de linha em imagens raster e vectoriais

Deve notar-se que a imagem, se estiver localizada não estritamente na vertical ou na horizontal, forma uma figura escalonada com espessura e "rugosidade". Ao escalar (por exemplo, ao ampliar) essas figuras, acontece o seguinte.

Uma linha vetorial pode aumentar de comprimento, mas a sua espessura como objeto matemático permanecerá inalterada. Independentemente da escala, um segmento vetorial é expresso por dois pontos: o início e o fim.

A linha rasterizada aumentará tanto em comprimento como em largura. Isto deve-se ao facto de o número de pixels que a formam também ter aumentado. O mais desagradável é a distorção causada pelo elemento de adição aleatória de um pixel de um lado e o desaparecimento de um pixel do outro lado. Como resultado, uma figura rasterizada à escala pode não ser semelhante a si própria numa escala mais pequena. Este efeito é especialmente visível na intersecção de linhas rectas.

Além disso, existe uma diferença na medição dos comprimentos das linhas vectoriais e raster. O comprimento de uma linha vetorial é medido utilizando a métrica cartesiana ou simplificado como a distância pitagórica, enquanto o comprimento de uma linha raster escalonada é definido como o comprimento dos passos ou a distância de Manhattan. Por exemplo, para um triângulo com lados 3x3 unidades lineares, a distância pitagórica (hipotenusa) será de 4,2426 e a distância de Manheton será de 6 unidades lineares.

A comparação de objectos vectoriais e rasterizados em termos de área também realça a diferença. A Figura 6.11 mostra dois triângulos nas formas vetorial e raster. A figura raster apresenta uma distorção significativa da forma.

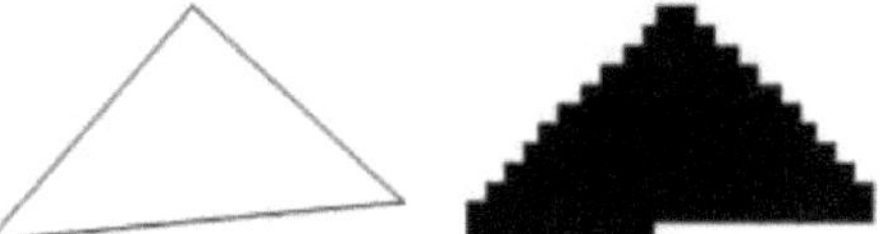

Fig.6.11. Objectos de área em formas vectoriais e raster

Na prática, os tamanhos dos píxeis são escolhidos de forma a serem tão pequenos que uma distinção visual como a mostrada na Fig. 6.11 torna-se impercetível. Mas é fundamental que os efeitos observados sejam preservados. Uma vez que a imagem é formada com base em intervalos iguais, pertence a padrões regulares ou redes regulares.

Uma rede regular é um conjunto de figuras geométricas regulares: quadrados, triângulos, etc. Cada célula do modelo raster corresponde ao mesmo tamanho, mas com caraterísticas diferentes (cor, densidade) em termos de área (pixel).

Cada célula representa uma superfície real, que também é caracterizada por caraterísticas de cor. No entanto, uma célula do modelo raster contém um único valor que resume as caraterísticas de cor e luz da superfície real. Na teoria do processamento de imagens, este procedimento é conhecido como pixelização.

Se um modelo vetorial fornece informações sobre a localização deste ou daquele objeto, um modelo raster fornece informações sobre *o que está* localizado neste ou naquele ponto do território. Isto determina o principal objetivo dos modelos raster - a representação contínua da superfície. Um conjunto ordenado de pixéis forma um raster.

Os bitmaps permitem-lhe apresentar meios-tons. Regra geral, cada elemento raster ou cada célula deve ter um único valor de densidade e/ou cor. Por exemplo, quando o limite de dois tipos de revestimentos pode passar pelo centro de um elemento raster, é atribuído ao elemento um valor que descreve a maior parte da célula ou o seu ponto central. Alguns sistemas permitem valores múltiplos para um único elemento de imagem. A Fig.6.12 mostra três objectos vectoriais: linha, elipse e arco.

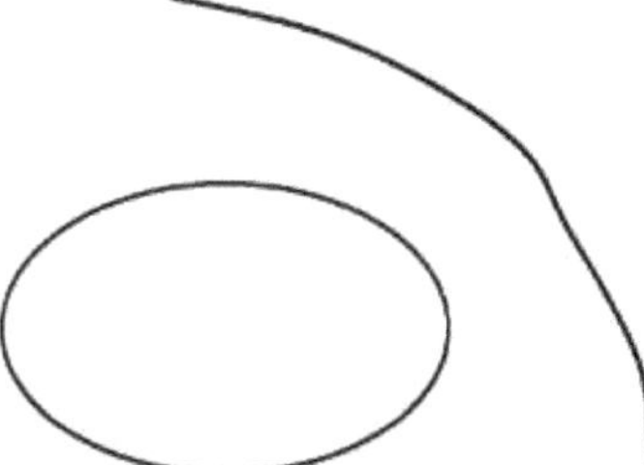

Fig.6.12. Objectos vectoriais iniciais

A Fig. 6.13 mostra imagens rasterizadas dos objectos da Figura 6.12. Como se pode ver nestas figuras, a imagem rasterizada "engrossa" o objeto vetorial original. A diferença entre eles é que o objeto raster é medido em coordenadas inteiras, enquanto o objeto vetorial é medido em coordenadas cartesianas normais, mais precisamente na escala de intervalos. Por conseguinte, a precisão da definição dos objectos vectoriais é fundamentalmente superior. Por outro lado, a velocidade de processamento das variáveis inteiras é superior à das variáveis intervalares.

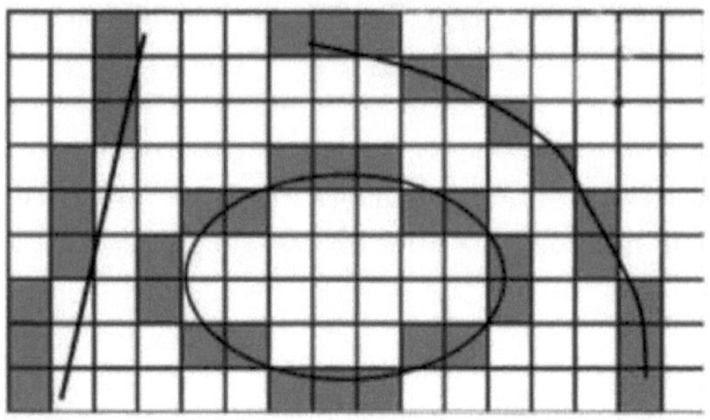

Fig. 6.13. Imagens rasterizadas de objectos de origem

A formação do modelo raster é mostrada na Fig. 6.14. 6.14. A imagem inicial (snapshot) tem uma distribuição contínua (Fig. 6.14a) de densidade D ao longo de uma direção L. Este modelo é chamado analógico porque é descrito pela dependência $D=f(L)$

A Fig. 6.14 b mostra o processo de digitalização. A curva é dividida em segmentos iguais ao tamanho do pixel. No centro de cada segmento é calculada a densidade média (valor) para esse pixel.

A Fig. 6.14c mostra o resultado do processo de digitalização - um modelo raster. Nesta secção, representa um histograma. Com base na análise efectuada, podemos dar a seguinte definição de um modelo bitmap

Densidade Modelo analógico

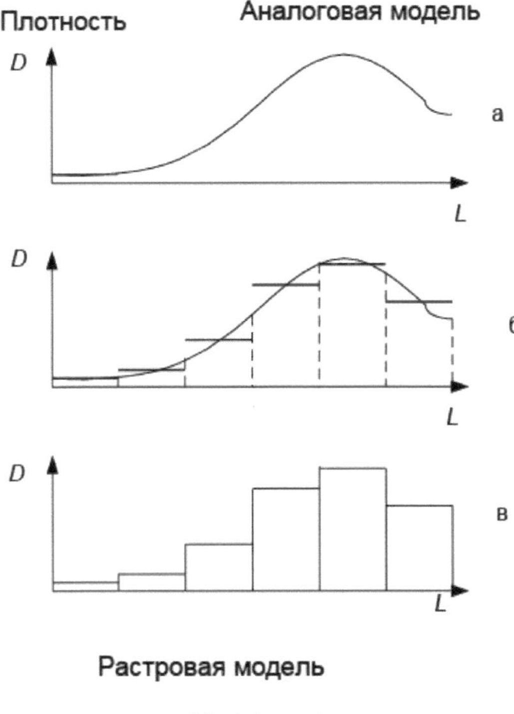

Modelo raster

Fig. 6.14. Formação do modelo raster

Modelo raster - modelo digital regular de densidade de imagem representado num sistema de coordenadas inteiras. O termo imagem digital é amplamente utilizado em fotogrametria e no processamento de imagens de scanner.

6.8. Caraterísticas dos modelos raster.

Há uma série de caraterísticas para os modelos raster: resolução, orientação, zonas, valor, posição.

Resolução - a dimensão linear mínima da área mais pequena de uma superfície real apresentada por um único pixel.

Os pixels são geralmente rectângulos ou quadrados, sendo menos frequente a utilização de triângulos e hexágonos. Uma resolução mais elevada tem um raster com um tamanho de célula mais pequeno. A alta resolução implica: abundância de pormenores, muitas células, tamanho mínimo das células.

Valor - elemento de informação armazenado num elemento de imagem (pixel). Uma vez que os dados tipificados são utilizados durante o processamento, é necessário definir os tipos de valores do modelo raster.

O *tipo de valores* nas células da imagem é determinado tanto pelo fenómeno

103

real como pelas especificidades do SIG. Em particular, podem ser utilizadas diferentes classes de valores em diferentes sistemas: números inteiros, valores reais (decimais), valores alfabéticos.

Os números inteiros podem ser caraterísticas de densidade ótica ou códigos que indicam a posição na tabela ou legenda de acompanhamento. Por exemplo, é possível a seguinte legenda indicando o nome da classe de solo: 0 - classe vazia, 1 - argiloso, 2 - arenoso, 3 - pedra britada, etc.

Orientação - o ângulo entre a direção norte e a posição das colunas de imagem.

Zona do modelo Raster - células vizinhas com o mesmo valor e que representam um fenómeno ou objeto. Uma zona pode ser constituída por objectos distintos, fenómenos naturais, áreas de tipos de solo, elementos de hidrografia, etc.

Uma zona tampão é uma zona auxiliar que é construída em torno de objectos pontuais, lineares ou de área com base numa determinada regra ou valor fixo. As principais caraterísticas da zona são o seu valor e a sua posição. A Figura 6.15 mostra zonas tampão para objectos lineares e de área. Os objectos são realçados com uma cor diferente.

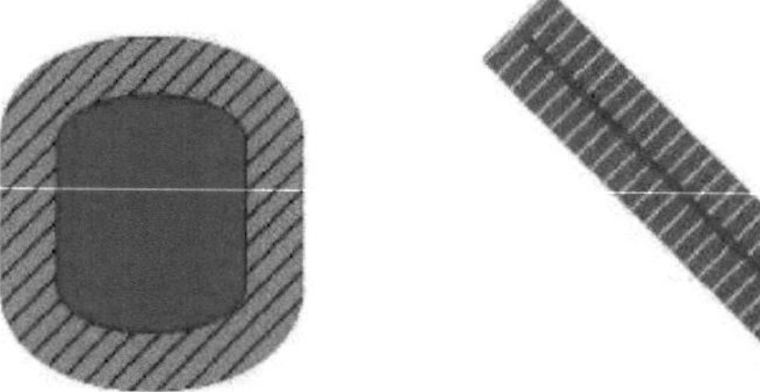

Figura 6.15. Zonas-tampão para instalações lineares e de área.

A *posição* é normalmente dada por um par ordenado de coordenadas (número da linha e número da coluna), que definem de forma única a posição de cada elemento do espaço mapeado na imagem.

Comparando modelos vectoriais e raster, é de notar a conveniência dos modelos vectoriais para organizar e trabalhar com inter-relações de objectos. No entanto, utilizando técnicas simples, como por exemplo, a inclusão de inter-relações em tabelas de atributos, é possível organizar as inter-relações também em sistemas raster. É especialmente eficaz para calcular a área em sistemas raster. É necessário deter-se em questões de precisão de visualização em modelos raster. Nos formatos raster, na maioria dos casos, não é claro se as coordenadas se referem ao ponto central de um pixel ou a um dos seus cantos. É por isso que a precisão da ligação de elementos raster é definida como 1/2 da largura e altura da célula.

Os modelos raster têm as seguintes caraterísticas:

Os modelos raster não requerem um conhecimento preliminar dos fenómenos, os dados são recolhidos a partir de uma rede de pontos uniformemente localizada, o que permite obter caraterísticas objectivas dos objectos investigados com base em métodos estatísticos de processamento. Por este motivo, os modelos raster podem ser utilizados para estudar novos fenómenos sobre os quais não foi acumulado qualquer material. Devido à sua simplicidade, este método é o mais difundido;

os dados raster são mais fáceis de processar por algoritmos paralelos e, por isso, proporcionam um melhor desempenho em comparação com os dados vectoriais;

Algumas tarefas, como a criação de uma zona tampão ou o cálculo da área de habitat, são muito mais fáceis de resolver em formato raster;

muitos modelos raster permitem a introdução de dados vectoriais, ao passo que o procedimento inverso é muito difícil para os modelos vectoriais;

os processos de rasterização são algoritmicamente mais simples do que os processos de vectorização, que requerem frequentemente decisões de peritos.

Na maioria das vezes, os modelos raster são utilizados no processamento de imagens aeroespaciais para obter dados de deteção remota.

6.9. Modelos espaciais digitais

O desenvolvimento de métodos automatizados de processamento de informação levou ao aparecimento de uma nova tendência na modelação - a modelação digital e modelos especiais designados por modelos digitais. O termo "modelação digital" é um sinónimo do termo "modelação informática". Digitalização (digitalização, digitalização, digitalização) - tecnologia da informação para converter dados analógicos numa forma discreta (digital) adequada para utilização em tecnologias informáticas.

O termo "digital" é emprestado da designação "máquinas de computação digital" (DCM). Nas primeiras fases de desenvolvimento da tecnologia informática, existiam dois tipos de máquinas de computação: analógicas e digitais. As analógicas (AVM) processavam sinais analógicos contínuos. Utilizavam circuitos electrónicos especialmente concebidos, nos quais era efectuada a transformação funcional da informação analógica. A caraterística transitória de um circuito deste tipo correspondia ao algoritmo de processamento necessário.

Os computadores digitais baseavam-se na conversão de sinais analógicos em sequências discretas, conservando a informação. Para processar a informação com a ajuda de um computador digital, esta tem de ser digitalizada (digtal - digital), ou seja, convertida num código digital. É o código digital que constitui o fator dominante que determina a essência do termo "digital". Em funcionamento, verificou-se que as máquinas digitais eram mais versáteis, uma vez que permitiam processar diferentes conjuntos de dados com diferentes programas. Eram também mais económicas em termos de custos de produção. A versatilidade e o baixo custo constituíam vantagens competitivas significativas das máquinas digitais em relação às máquinas analógicas, o que levou à deslocação das AVM.

Atualmente, as máquinas de computação analógicas são utilizadas como processadores especiais. O termo "digital" significa que a informação contida nestes dados e sistemas está contida numa forma discreta e foi concebida para ser processada utilizando tecnologia moderna.

Em sentido lato, um modelo digital (*MD)* é um modelo discreto formado: para transmissão em sistemas de comunicação, para armazenamento numa base de dados, para processamento num computador. O modelo espacial digital (MD) em geoinformática é um modelo orientado para o computador.

Os modelos digitais podem ser armazenados em bases de dados ou como estruturas de ficheiros. Os modelos espaciais digitais são mais amplamente utilizados em geoinformática, design, construção, arquitetura, ecologia, etc. Os modelos digitais contêm diferentes tipos de informação (Fig. 6.16). De acordo com o aspeto das relações espaciais, distinguem-se os tipos de informação métrica e atributiva. As componentes semânticas e sintácticas distinguem-se de acordo com o aspeto da análise semiótica.

A informação métrica define a posição através da especificação das coordenadas dos pontos do DEM e as dimensões do objeto através das coordenadas relativas dos pontos em sistemas convencionais ou locais.

A diferença qualitativa entre a informação métrica dos modelos digitais derivados de medições reais é a caraterística de exatidão. É causada por erros de medição e subsequentes erros de cálculo. Este parâmetro determina a aplicabilidade de um modelo digital na resolução de problemas práticos a diferentes escalas.

A informação atributiva em DEM define a pertença de pontos ou objectos a uma determinada classe ou objeto (objeto complexo ou simples), descreve propriedades dos objectos e das suas partes, define inter-relações e condições de processamento, condições de reprodução, etc. Tal como em toda a geoinformática, resolve a tarefa principal de encontrar relações espaciais

O aspeto semiótico permite, considerando o MC como um modelo de informação, introduzir as estimativas do coeficiente de informatividade e do coeficiente de significância do modelo digital conhecidas em informática.

A parte semântica da informação define o seu conteúdo e está relacionada com a codificação dos dados. *A informação sintáctica* define um conjunto de regras para trabalhar com um modelo digital como com um modelo de informação normal. Está relacionada com a classificação e as regras de construção de modelos.

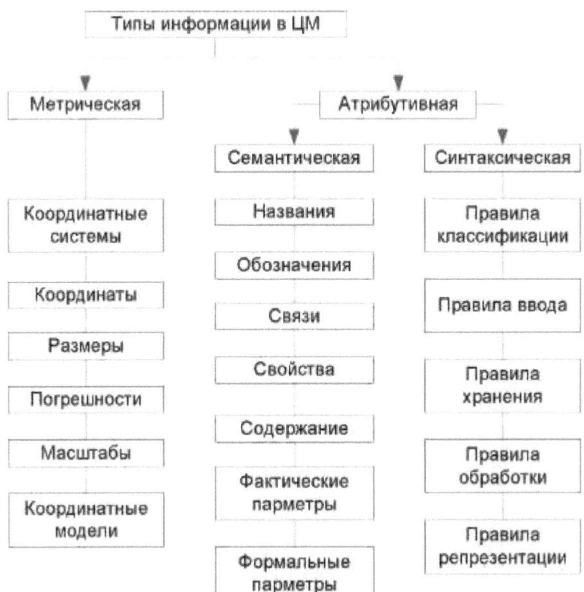

Fig. 6.16. Tipos de informação num modelo digital

A estrutura lógica do DEM é definida como um conjunto de esquemas e registos lógicos que descrevem um determinado DEM. Pode incluir esquemas de inter-relação de partes do DEM na natureza, na base de dados, esquemas de inter-relação de propriedades do DEM e esquemas de construção do DEM. Contém registos lógicos que constituem a base de informação. Um registo lógico é um elemento da estrutura lógica do DEM.

A estrutura física do DEM é determinada pela forma de realização do DEM lógico numa base técnica específica. Define o formato do registo de dados, o tamanho dos clusters, palavras, etc. O elemento da estrutura física do DEM é o registo físico. Estas duas partes são a correspondência entre o modelo digital e o modelo físico. Assim, o modelo digital é um modelo que combina os modelos datalógico e físico.

Entre os modelos digitais espaciais existem vários: modelo digital do terreno, modelo digital de objectos, modelo digital de um fenómeno (processo). O modelo digital do terreno é o mais utilizado em CAD e em geoinformática.

Um modelo digital do terreno (*DTM)* representa objectos do terreno e contém informação sobre o terreno sob a forma de conjuntos de dados discretos. *Um modelo digital do* terreno (DTM) é um modelo de informação discreta do terreno destinado a ser armazenado e processado em tecnologias informáticas, que deve conter várias propriedades básicas derivadas da sua definição, nomeadamente

1. Como modelo de informação, o DEM deve conter informação completa (no âmbito das tarefas resolvidas) sobre o objeto de modelação. Nesta parte, podemos falar sobre a componente semântica do DEM.

2. Enquanto modelo semiótico, o MMC inclui três partes:

- sintaxe - regras de construção e de utilização;
- semântica - a parte significativa do objeto de modelização;
- pragmática - ser útil, ter uma medida de utilidade.

3. Sendo digital, deve ser organizado de forma óptima e conveniente para trabalhar num computador. Deve ser representado em código digital num suporte legível por máquina.

4. Como modelo em geral, o DEM deve ser classificado numa classe conhecida de modelos.

5. Como modelo de um objeto, o DEM deve conter informações temáticas especiais sobre o objeto modelado.

6. Como modelo de base de dados, o DEM deve ser organizado de uma forma que não assuma a forma de uma estrutura de base de dados.

7. Enquanto produto de informação, o DEM deve ter propriedades de consumo.

Uma das variedades de DEM é um modelo digital de elevação. Este modelo é utilizado para representar o relevo do terreno. Uma das formas de resolver este problema é a utilização de isolinhas. *As isolinhas são* linhas que representam linhas espaciais correspondentes a um valor igual de algum valor distribuído no espaço. Por exemplo, podem ser linhas de alturas iguais (*horizontais*) no terreno ou linhas que caracterizam a profundidade de uma massa de água (isóbatas de iso ... e do grego bathos - profundidade), etc.). A figura 6.17 mostra um modelo digital de elevação sob a forma de isolinhas.

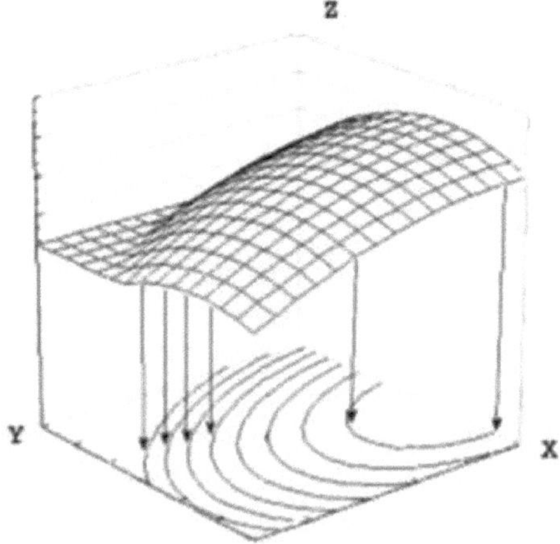

Fig. 6.17. Isolinhas - linhas no plano como linhas de alturas iguais

Modelo de objeto digital (DEM) - modelo discreto de informação de um objeto destinado a ser armazenado e processado em tecnologias informáticas. Inclui um conjunto de coordenadas de pontos que caracterizam o objeto, ligações entre pontos, informações sobre as propriedades do objeto

Um modelo *digital de fenómeno* (DPM) é um modelo discreto de um fenómeno espacial, concebido para ser armazenado e processado em tecnologias informáticas. A sua particularidade é que é formado sob a forma de conjuntos de dados que formam uma série temporal. Isto torna possível monitorizar e fazer avaliações preditivas. Tal como um DEM, um DEM pode ser representado sob a forma de diferentes isolinhas que descrevem diferentes processos e fenómenos.

7. Lógica espacial em geoinformática aplicada.

A geoinformática aplicada estuda o espaço e analisa logicamente os objectos e processos espaciais. Como tal, está relacionada com a lógica espacial. A geoinformática aplicada utiliza e desenvolve a lógica espacial [323]. Pode afirmar-se que, depois da geometria, a lógica espacial é mais claramente desenvolvida na geoinformática aplicada.

A lógica espacial [324-327] é uma direção no raciocínio lógico, que não está tanto relacionada com a lógica como com imagens espaciais e abstractas. Por conseguinte, pode argumentar-se que a lógica espacial na geoinformática aplicada é a lógica das imagens e das construções de imagens.

A lógica espacial na geoinformática aplicada está a desenvolver-se em duas direcções. A primeira direção pode ser designada por "lógica". Está ligada à verificação da validade e da não-contradição das construções espaciais.

A segunda direção deve ser designada como a direção de apoio aos métodos de outras ciências. Por exemplo, na fotogrametria, a lógica espacial permite melhorar as construções fotogramétricas [328] e obter novas soluções para problemas espaciais. No domínio do ordenamento do território, a lógica espacial permite obter novos métodos de estimativa de áreas [329] para parcelas de terreno de forma arbitrária. No essencial, esta abordagem utiliza uma síntese da lógica probabilística [330] e da lógica espacial.

A lógica espacial é utilizada em métodos heurísticos para resolver o problema da localização ou seleção de sítios. Um exemplo é a seleção de um local de aterragem para o regresso de uma nave espacial. [331].

A lógica espacial é aplicada na análise de modelos visuais.

Em particular. na análise da semântica dos modelos visuais [332] e na análise da sua informatividade [333].

Na gestão espacial de objectos em movimento, é necessário aplicar os recursos cognitivos do gestor [334]. Neste caso, a lógica espacial é combinada com a aplicação da lógica cognitiva [335]

A lógica espacial está estreitamente relacionada com o raciocínio espacial [336], com a modelização visual e com a geoinformática. A lógica espacial é aplicada na extração de conhecimentos e na análise de ontologias [337]. A lógica espacial é aplicada em processos computacionais na organização da computação paralela. A lógica espacial é aplicada na análise de esquemas de raciocínio computacional relacionados com domínios espaciais, como a robótica e a visão técnica [338].

A lógica espacial é utilizada no processamento interativo da informação através de sistemas de informação geográfica. A lógica espacial, no aspeto do pensamento e da perceção espaciais, é utilizada em psicologia como um método de pensamento e perceção espaciais do mundo. A linguagem da lógica espacial é uma linguagem formal [324] interpretada sobre uma classe de estruturas que representam objectos reais, objectos geométricos e relações espaciais. Esta linguagem formal pode utilizar qualquer sintaxe lógica: a sintaxe da lógica de primeira ordem, algum fragmento da lógica de primeira ordem ou, eventualmente, a lógica de ordem superior. As estruturas sobre as quais é interpretada podem residir em qualquer classe de "espaços" geométricos: espaços topológicos, espaços afins, espaços projectivos, no espaço tridimensional euclidiano. Pode haver tantas linguagens espaciais como tipos de lógicas espaciais. Por conseguinte, as lógicas espaciais podem ser consideradas como

família de lógicas espaciais.

7.1. Tipos de lógica espacial.

A lógica espacial inclui várias partes: lógica geométrica, lógica topológica, lógica teórica dos conjuntos, lógica da imagem (diagramas espaciais ou imagens espaciais), posicionamento visual (o domínio da visão [338] e da inteligência artificial), aquisição de conhecimentos espaciais (o domínio da inteligência artificial). Comum às lógicas espaciais é o facto de o conceito lógico de realidade depender da geometria subjacente das estruturas e dos axiomas. As lógicas espaciais são aplicadas na educação, onde estabelecem uma interface com as representações cognitivas. A lógica espacial é aplicada na simulação virtual, onde se baseia na lógica do comportamento no espaço real. Resumindo as aplicações da lógica espacial, é de salientar a sua importância para os métodos de inteligência artificial, uma vez que permite modelizar o raciocínio que pode ser utilizado em sistemas inteligentes.

Lógica geométrica. A lógica geométrica inclui: definições, postulados e teoremas; afirmações-alvo (problemas) que têm de ser provadas ou construídas utilizando um mecanismo de inferência lógica normalizado. Este esquema de aquisição de conhecimentos a partir de imagens é reproduzido por sistemas de programação lógica, incluindo sistemas de inferência geométrica. No processamento automático de imagens, as tarefas de construção correspondem a tarefas de análise latente e as tarefas de prova correspondem a tarefas de reconhecimento de objectos

A lógica da geometria plana de Euclides não permite a intersecção de rectas paralelas. Nesta geometria, um triângulo no plano tem sempre uma soma de ângulos internos igual apenas a l. A lógica da geometria da esfera exclui a noção de linha reta e substitui-a pela noção de linha geodésica. A lógica da geometria da esfera admite a terminação de rectas paralelas. A lógica da geometria da esfera admite a soma dos ângulos internos igual a $3/2\ p$

Assim, a lógica geométrica é dada por axiomas e postulados básicos e pode diferir para diferentes geometrias. A lógica geométrica é a base da visão, nomeadamente nos sistemas robóticos.

Lógica   topológica: a lógica topológica é.

A lógica topológica é uma lógica espacial e utiliza axiomas bastante simples: invariância topológica (Fig. 7.1), intersecção, ausência de intersecção. A lógica topológica utiliza propriedades topológicas dos objectos, cuja presença significa "verdadeiro" e cuja ausência significa "falso".

Figura 7.1. Correção lógica em topologia. Invariantes topológicos [339].

Existe uma relação de equivalência entre as figuras da Fig. 7.1 existe uma relação de equivalência. Podem ser consideradas como tautologias lógicas. A Fig. 7.2 mostra imagens topologicamente corretas e topologicamente incorrectas. A imagem da Fig. 7.2a chama-se "esparguete". Nela, as intersecções das linhas não estão marcadas e as extremidades das linhas ultrapassam os limites.

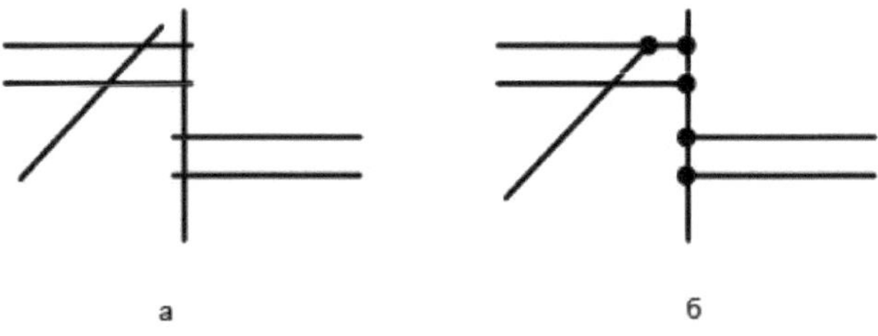

Fig.7.2

Imagem espacial topologicamente correta b) e topologicamente incorrecta a
)

A situação apresentada na Fig. 7.2a, ocorre durante a vectorização automática. Caracteriza-se pela violação da complementaridade [340] e das correspondências de informação topológica. A Figura 7.26 caracteriza as correcções de erro que a Figura 7.2a contém. Foram introduzidas intersecções marcadas por pontos e as extremidades das linhas que se estendem para além dos limites foram cortadas. A Figura 7.26 pode ser considerada correta do ponto de vista da lógica topológica.

Nalguns casos, os modelos topológicos podem ser transformados em expressões lógicas. Por exemplo, um arco orientado corresponde a uma implicação. A intersecção corresponde à conjunção. A invariância topológica corresponde à equivalência. Isto permite-nos construir sequências lógicas formais correspondentes a topologias planas. Na lógica topológica, os esquemas lógicos são construídos de acordo com esquemas topológicos. Um esquema topológico representa relações.

Lógica teórica de conjuntos. A lógica teórica de conjuntos é espacial na possibilidade de refletir as relações teóricas de conjuntos com a ajuda de figuras abstractas. A lógica teórica de conjuntos utiliza as relações teóricas de conjuntos como relações lógicas entre conjuntos. Os diagramas de multiplicidade teórica mostram relações, ao contrário das relações em topologia. As expressões formais, ou a linguagem da teoria dos conjuntos, correspondem a relações espaciais de imagens espaciais abstractas. Os modelos mais notáveis são os diagramas de Euler-Wien.

Lógica da imagem. A lógica figurativa opera com imagens espaciais que contêm semântica. A lógica figurativa inclui modelos elementares de objectos e conhecimento a priori sobre os objectos e as suas propriedades (semântica). Exemplos de tais imagens são sinais convencionais em mapas e unidades de agregação espacial. A lógica de imagem é aplicada na geoinformática e na cartografia. A secção mais marcante da lógica figurativa é a lógica cartográfica.

Lógica cartográfica. A lógica cartográfica é estruturalmente semelhante à lógica geométrica. Baseia-se em certas regras (axiomas) e unidades de informação normalizadas - sinais convencionais. De 1908 (lógica cartográfica) [341] a 2010 (lógica cartográfica) [342] e até à atualidade, a lógica cartográfica é entendida apenas como as regras de construção e leitura de mapas, mas não como a linguagem da lógica. A lógica cartográfica (mas não a lógica cartográfica) é também referida [341] como a aplicação da lógica comum à construção e análise de imagens cartográficas espaciais. Por outro lado, a noção de uma linguagem de mapas foi introduzida na cartografia [343], mas isolada da lógica cartográfica. O mais próximo da lógica espacial e, consequentemente, da lógica cartográfica é o trabalho de A. A. Lyutoy "linguagem dos mapas" [343]. A peculiaridade dos mapas geográficos como imagens espaciais e modelos espaciais é a utilização da linguagem espacial de informação dos mapas. Esta linguagem espacial permite: visibilidade ou visibilidade; mostrar com exagero; mostrar a dinâmica de fenómenos não diretamente perceptíveis pelos sentidos (por exemplo, declinação magnética, anomalias da gravidade, etc.), mostrar relações espaciais, por exemplo, entre fontes de matérias-primas e empresas para a sua transformação.

7.2. Linguagens da lógica espacial

Bertrand Russell interpretou a natureza das imagens espaciais da seguinte forma: "Há uma dificuldade na linguagem enquanto método de representação de um sistema, nomeadamente o facto de as palavras que significam relações não serem elas próprias relações. A imagem gráfica de um mapa é superior à linguagem porque o facto de um lugar estar a oeste de outro é representado pelo facto de o lugar correspondente no mapa estar à esquerda do outro, ou seja, a relação real é representada por uma relação espacial" [344, c. 152]. Isto corresponde muito de perto aos conceitos da lógica espacial, que ainda não tinham surgido no seu tempo.

A particularidade das linguagens espaciais é serem contraditórias e ambíguas. Isto leva a erros lógicos na construção e interpretação de imagens cartográficas. Lyutyi distingue quatro tipos de erros [343]. Estes erros são caraterísticos não só da cartografia, mas também de toda a lógica figurativa.

O primeiro tipo inclui os erros de *"semelhança-diferença"*. Estes erros são causados pela utilização de sinais gráficos de tipo semiótico diferente, que criam construções figurativas finais de aparência semelhante. São detectados apenas ao nível da análise de legendas e mapas tomados separadamente (Fig. 7.3) [343]

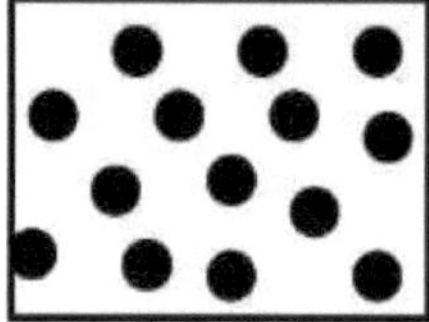

Figura 7.3. Dualidade da interpretação de imagens espaciais.

O modelo espacial da Fig. 7.3 pode ser interpretado de duas maneiras. A primeira interpretação (I1) é a de que a Fig. 7.3 representa objectos individuais. Esta é a interpretação do objeto individualizado. Nesta interpretação, cada ponto é um objeto separado e estes objectos estão densamente localizados numa determinada área. Esta interpretação descreve um conjunto de objectos na área.

A segunda interpretação (I2) da Fig. 7.3 é que se trata de uma areal com a rotulagem convencional de preenchimento de pontos. Trata-se de uma área de tipo condicional cujo conteúdo semântico é assinalado por pontos. Esta interpretação descreve uma área, e o seu preenchimento ou pontos mostram a qualidade dessa área. Neste caso, os pontos são sinais cartográficos convencionais do tipo areal.

O segundo tipo de erros lógicos espaciais inclui erros que surgem devido à colocação incorrecta de sinais no campo da imagem cartográfica. Estes erros levam ao aparecimento de falsas composições e relações de sinais, bem como aos efeitos de "absorção" de alguns sinais por outros. Este grupo inclui erros de incerteza semântica e duplicação de informação (Fig. 7.4).

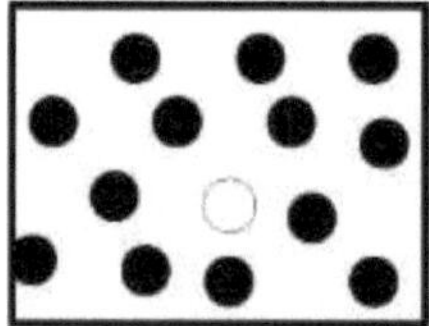

Figura 7.4: Dualidade de tratamento na área

Na Fig. 7.4, existe um objeto pontual de cor clara entre um conjunto de objectos pontuais pretos. A primeira interpretação (I3) da Fig. 7.4 é que se trata de uma área cheia de pontos com um único objeto representado por um ponto claro.
A segunda interpretação (I4) da Fig. 7.4 é que se trata de uma área cheia de pontos, com um ponto erroneamente mostrado a branco e sem objectos na área. A figura 7.5 mostra a ambiguidade da interpretação dos objectos.

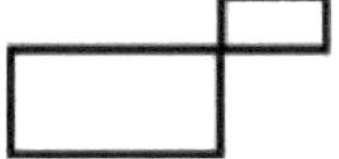

Figura 7.5: Dualidade de tratamento dos objectos.

A figura 7.5 mostra um fragmento de um plano com dois objectos. Estes objectos ou são adjacentes e não há passagem entre eles (I5), ou há uma pequena passagem entre eles não visível à escala do plano (Ib).

No terceiro grupo, A.A. Lyutyi refere os erros nos sistemas de sinalização causados por erros na classificação dos objectos espaciais. O quarto tipo inclui erros na conceção e construção de escalas cartográficas. Os três primeiros tipos de erros são caraterísticos da lógica figurativa em geral.

Outra secção da lógica figurativa é a lógica de projeto. *Lógica de projeto.* Esta lógica é utilizada na conceção assistida por computador (CAD) e na construção de desenhos, bem como nos SIG para a conceção de mapas electrónicos. Esta lógica é utilizada nos sistemas de informação geográfica para construir e editar modelos espaciais [345]. Esta lógica é utilizada na análise e na aquisição de conhecimentos espaciais.

A lógica de conceção tem as suas próprias linguagens, que são mais frequentemente linguagens de primitivos gráficos, ou seja, unidades básicas de informação gráfica a partir das quais são construídas unidades de informação complexas e modelos de objectos espaciais (Fig. 7.6).

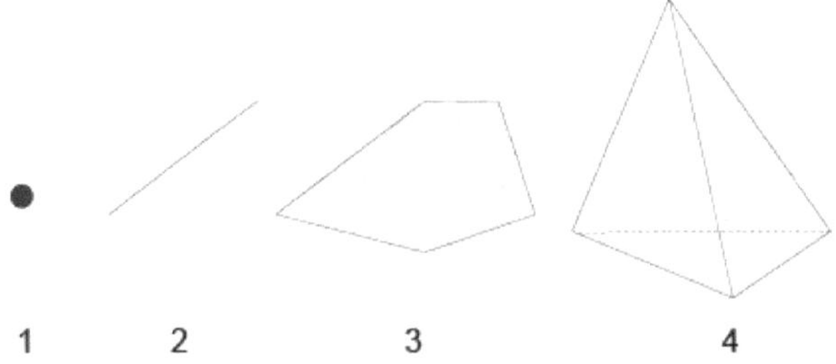

Fig. 7.6. Unidades de informação gráfica - a base para a construção de imagens espaciais.

Na análise das relações espaciais, é utilizada a linguagem da agregação espacial. Esta linguagem está relacionada com a lógica figurativa espacial. A Fig. 7.7 mostra unidades de informação lógica que exprimem relações espaciais entre objectos.

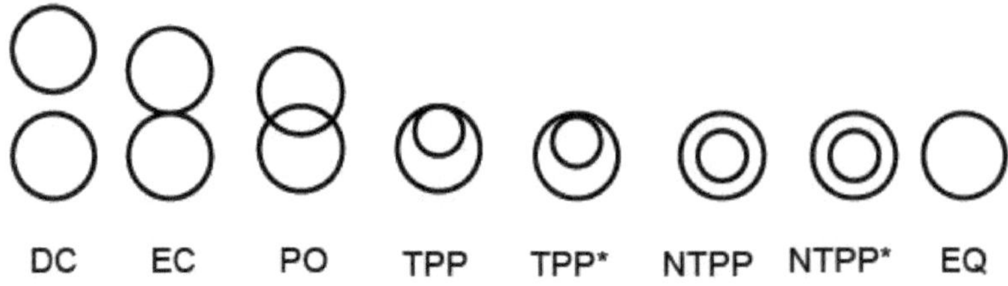

DC   EC   PO   TPP   TPP*   NTPP   NTPP*   EQ

Figura 7.7. Unidades lógicas das relações espaciais

A Figura 7.7 descreve algumas disposições possíveis dos objectos entre si. Como mostra a Figura 7.4, quando se utilizam apenas gráficos, é possível haver ambiguidade de interpretação. Por conseguinte, nalguns casos, a lógica espacial e as imagens espaciais são complementadas por uma semântica que exclui a ambiguidade de interpretação. Note-se que a linguagem da agregação espacial não está relacionada com a linguagem dos mapas e da cartografia. Esta linguagem foi concebida para o raciocínio abstrato sobre as relações possíveis entre objectos para modelar a semântica das relações espaciais.

Na Fig. 7.7 são utilizadas as seguintes notações adoptadas na linguagem da agregação espacial. São utilizadas como unidades de informação lógica que reflectem as relações espaciais de dois objectos. A interpretação é dada da esquerda para a direita. A ausência de interação é DC. Interação de fronteira comum - EC. Sobreposição parcial - PO. Interação tangencialmente correta - TPP. Interação tangencialmente correta inversa - TPP*. O objeto interno não interage tangencialmente com o objeto externo - NTPP. Um objeto externo não interage tangencialmente com um objeto interno - NTPP*. Os objectos são equivalentes - EQ.

A linguagem de agregação espacial SAL permite aos utilizadores explorar especificações de conhecimentos espaciais, tais como relações de vizinhança e predicados de equivalência, e explorar e modificar os resultados de forma interactiva e gráfica. Esta linguagem é uma das muitas linguagens informáticas. O conjunto de fontes SAL pode ser descarregado a partir de www.cs.www.cs.purdue.edu/homes/cbk/sal.html.edu/homes/cbk/sal.html   ou www.parc.com/zhao/www.parc.com/zhao/sal .html.

As tarefas mais comuns da lógica espacial são as tarefas de verificação, identificação, construção e edição. A lógica de padrões pode ser interpretada como quaisquer propriedades geométricas de objectos espaciais ou relações espaciais definidas em diferentes domínios: ligação topológica de domínios, paralelismo de linhas ou, igualmente, afastamento de dois pontos de um terceiro.

Uma conclusão importante desta análise é a necessidade de aplicar unidades de

116

informação para possíveis análises espaciais e raciocínios lógicos.

7.3. Analisar o estado da lógica espacial.

O desenvolvimento da lógica espacial foi, em grande medida, influenciado pela geometria e pela abordagem geométrica. O raciocínio lógico era realizado no plano numa camada, utilizando figuras semelhantes às geométricas.

Na aceção moderna, a lógica espacial está próxima do domínio mais investigado da lógica modal e da lógica temporal. Um contributo significativo para o desenvolvimento da lógica espacial através da análise da geometria e da sua lógica foi dado por Tarski [346]. Em particular, Tarski aplicou a lógica de primeira ordem com variáveis pontuais no plano euclidiano e com predicados não-lógicos que denotam duas relações espaciais primitivas: a relação ternária "entre" e a relação quaternária "equidistante". A linguagem resultante é suficiente para formular grande parte da geometria euclidiana - por exemplo, o teorema de Pitágoras.

Na geometria elementar de Tarski [24], as variáveis são ordenadas pelo conjunto dos pontos do plano euclidiano. [3]Na geometria elementar de *Tarski [24]*, as variáveis são organizadas pelo conjunto dos pontos do plano euclidiano, o que é análogo ao arranjo, na sua Geometria dos Sólidos, das variáveis pelo conjunto dos subconjuntos regulares fechados de R; e na sua linguagem topológica modal, as variáveis são organizadas pelo conjunto de todos os subconjuntos de um espaço topológico. Tarski mostrou que a teoria da geometria elementar é decidível: existe um procedimento lógico para determinar, para qualquer proposição dada na linguagem correspondente, se essa proposição é verdadeira de acordo com a interpretação anunciada. Em contrapartida, a teoria de segunda ordem necessária para exprimir todos os axiomas de Hilbert é intratável.

A caraterística mais distintiva da lógica moderna é a abordagem teórica dos modelos. Esta abordagem está bem representada na lógica espacial. A abordagem teórica dos modelos à lógica utiliza frequentemente diferentes relações entre estruturas e objectos matemáticos como problema principal. Deste ponto de vista, a lógica espacial torna-se uma ferramenta para estudar as relações entre estruturas geométricas e objectos espaciais reais.

O desenvolvimento da lógica espacial foi promovido por trabalhos sobre a automatização da inferência lógica e a automatização do reconhecimento de padrões. No entanto, quanto mais complexa for uma imagem, mais complexo será o seu processamento e construção. Neste contexto, o problema do equilíbrio entre o poder expressivo de uma imagem e a complexidade computacional de um modelo espacial é central para a lógica espacial.

A lógica espacial distingue-se da lógica matemática em três aspectos principais. A primeira diz respeito a conjuntos qualitativamente diferentes de objectos geométricos que exigem lógicas diferentes e interpretações diferentes: pontos, linhas, áreas de diferentes tipos, superfícies, corpos volumétricos. A segunda diferença fundamental diz respeito à escolha de unidades básicas de descrição qualitativamente diferentes, relações e operações básicas sobre estes objectos. Nesta diferença, as unidades de informação são qualitativamente diferentes. Na lógica matemática são apenas formais. Na lógica espacial, são utilizadas unidades de informação formais e semânticas. A terceira diferença fundamental diz respeito apenas à introdução da incerteza e da modalidade nas descrições lógicas espaciais. Por exemplo, a situação em que o objeto A está mais próximo do objeto B do que o objeto B pertence ao domínio da lógica probabilística e do raciocínio qualitativo.

A base das transformações na lógica matemática são as tautologias e as equivalências. A invariância na lógica espacial é um análogo completo da equivalência ou tautologia na lógica matemática. Um exemplo são os invariantes topológicos. Muitas relações de invariância podem corresponder exatamente à lógica de primeira ordem.

O principal problema da lógica espacial é a relação "generalização-detalhe" ou "simplicidade-complexidade". A análise da complexidade dos modelos lógicos espaciais centra-se geralmente em dois problemas: a verificação do modelo (determinar se um dado modelo é verdadeiro na interpretação do objeto que lhe corresponde) e a verificação da viabilidade computacional de um dado modelo. Muitas vezes, uma tentativa de representar um modelo espacial por palavras está condenada ao fracasso devido às limitações das ferramentas linguísticas.

A maioria das lógicas acima da primeira ordem contém contradições e conduz a problemas insolúveis de mapeamento de imagens espaciais. Um exemplo alternativo de lógicas decidíveis são as lógicas espaciais interpretadas por modelos topológicos regulares. A linguagem destas lógicas inclui apenas feixes booleanos (sem quantificadores), unidades de informação espacial (primitivas) e representa várias relações e funções topológicas.

A metodologia geral da análise lógica espacial consiste em encontrar modelos espaciais que sejam logicamente analisáveis. Os métodos convencionais de análise que lidam com modelos lógicos simples são frequentemente impotentes quando confrontados com modelos ou estruturas espaciais multivalorados, como é normalmente o caso na lógica espacial.

Em termos de expressividade da interpretação, há que assinalar as vantagens e a eficácia da lógica espacial. A lógica espacial envolve conexões associativas e imagens cognitivas. Isto alarga a possibilidade de interpretação de uma imagem espacial em comparação com a sua representação estereotipada.

As representações gráficas na lógica espacial, ao contrário do aparato da lógica matemática, têm recursos para expressar vários tipos de incerteza. A principal diferença entre os sistemas gráficos e linguísticos é a utilização de relações.

Os modelos espaciais utilizam relações espaciais para representar diretamente o objeto de estudo. Nos sistemas linguísticos, as palavras são utilizadas para representar relações indiretamente e podem ser interpretadas de forma diferente, dependendo da inteligência do intérprete.

A lógica espacial moderna caracteriza-se pela sua vasta aplicação na ciência, mas pela ausência de uma teoria unificada. O conceito geral da lógica espacial é a utilização de unidades de informação espacial. Um exemplo são os sinais convencionais cartográficos. A lógica teórico-múltipla reflecte as relações espaciais, pelo que pode ser considerada como uma parte da lógica espacial. A lógica topológica reflecte relações. Estas lógicas complementam-se quando se lida com um vasto conjunto de imagens espaciais. A maior eficiência das lógicas espaciais deve-se ao facto de conterem semântica e serem mais expressivas, enquanto as lógicas matemáticas não contêm semântica na mesma medida. Isto garante que a representação é expressiva através da lógica espacial. A eficácia da lógica espacial deve-se à possibilidade de exprimir relações espaciais através de gráficos, o que aumenta a velocidade da análise humana de tais modelos em ordens de grandeza. O principal problema da lógica espacial, importante para a inteligência artificial, é a contradição entre a grande expressividade e a complexidade da sua modelação.

Um desenvolvimento da lógica espacial são as construções espaciais estratificadas ou em camadas e os padrões de combinação concetual [347, 348]. A mistura concetual cria imagens espaciais que os seres humanos não são capazes de visualizar antecipadamente ou prever.

Literatura

1. Tsvetkov V. Y., Lonskiy I. I., Bulgakov S. V. V. Geoinformática geral e aplicada: livro didático. - Moscovo: MAKS Press, 2021. - 200 c/

2. Ivannikov A.D., Kulagin V.P., Tikhonov A.N., Tsvetkov V.Y. Applied Geoinformatics. - Moscovo: MAKS Press, 2005. -360 c.

3. Bulgakov S. V. Geoinformática aplicada: livro didático. - Moscovo: MAKS Press, 2019. - 72 c.

4. Borodko A.V., Bugayevskiy L.M., Vereshchaka T.V., Zapryagaeva L.A., Ivanova L.G., Knizhnikov Y.F., Savinykh V.P., Spiridonov A.I., Filatov V.N., Tsvetkov V.Ya. GEODESIA, CARTOGRAFIA, GEOINFORMÁTICA, CADASTR. Enciclopédia. Em 2 volumes. / Editado por A.V. Borodko, V.P. Savinykh. - Moscovo, 2008. Volume I A-M.

5. Gospodinov S. G. Novo olhar sobre a geoinformática // Vetor GeoSciences. G. Um novo olhar sobre a geoinformática // Vetor GeoSciences. 2022. T. 5. № 3. C. 80-89.

6. Buravtsev A. V. Geoinformática ciência do espaço// Fórum Eslavo. -2020. - 4(30). -c.161-170

7. Maksudova L.G., Savinykh V.P., Tsvetkov V.Ya. Integração das ciências sobre o mundo circundante na geoinformática // Earth Exploration from Space. - 2000. - №1. - c.46-50.

8. Maksudova L.G., Savinykh V.P., Tsvetkov V.Ya. About interdisciplinary integration on the basis of geoinformatics// Izvestiya vysokikh uchebnykh uchebnykh obrazovaniya. Geodesia e fotografia aérea. - 2004. - № 5. - c.110-117.

9. Matchin, V.T. Espaço integrado de geoinformação // Fórum Eslavo. -2018. - 3(21). - c.21-27.

10. Polyakov A.A., Tsvetkov V.Ya. Informática Aplicada. - M.: Janus-K, 2002. - 392 c.

11. Tsvetkov V.Ya. Sistemas e tecnologias de geoinformação - M.: Finanças e Estatística, 1998. -288 c.

12. Ivannikov A.D., Kulagin V.P., Tikhonov A.N., Tsvetkov V.Y. Geoinformatics. - Moscovo: MAKS Press, 2001. -349c

13. Tsvetkov V.Ya. Geoinformatics and overcoming information barriers // Izvestiya vysshee obrazovaniya vysshee obrazovaniya. Geodesia e fotografia aérea. - 2004. - №6. - c.113-118

14. Savinykh V.P., Tsvetkov V.Ya. A geoinformática como ferramenta para estudar os processos de globalização // Ciências da Terra. - 2011. - №003-04. - c.3138.

15. Butko E. Я. A geoinformática como método de construção de uma imagem do mundo // Fórum Eslavo. - 2017. - №. 1. - C. 34-41.

16. Koshkarev A.. V. Geoinformática no apoio infraestrutural da economia digital // Geodesia e Cartografia. - 2019. - Т. 80. - №. 1. - С. 119-126.

17. Xiao W. et al. Geoinformática para a conservação e promoção do património cultural em apoio aos Objectivos de Desenvolvimento Sustentável da ONU //ISPRS Journal of Photogrammetry and Remote Sensing. - 2018. - Т. 142. - С. 389-406..

18. Gvishiani A. D. et al. Geoinformática e análise de sistemas em geofísica e geodinâmica //Izvestiya, Physics of the Solid Earth. - 2019. - Т. 55. - №. 1. - С. 33-49.

19. Karimi H. A. (ed.). Big Data: técnicas e tecnologias em geoinformática. - Crc Press, 2014.

20. Awange J. L. et al. Algebraic geodesy and geoinformatics. - Springer Science & Business Media, 2010.

21. Monakhov C.B., Savinykh V.P., Tsvetkov V.Y. General geoinformatics. - M.: Max Press 2004 - 100 pp.

22. Kudzh S.A., Tsvetkov V.Y. Geoinformática: Monografia. - Moscovo: MAKS Press, 2019. - 224 c.

23. Tsvetkov V. Ya. Fundamentos da geoinformática: livro didático para EE. - São Petersburgo: Lan, 2020. - 188 c.

24. Tsvetkov V. *Ya*. Fundamentos da geoinformática: livro didático para EE. - São Petersburgo: Lan, 2023. - 186 c.

25. Savinykh V.P., Tsvetkov V.Ya. Desenvolvimento de métodos de inteligência artificial em geoinformática // Transportes da Federação Russa. - 2010. - № 5. - c.41-43.

26. Buchkin D.V. Estado e desenvolvimento do SIG intelectual // Informação e espaço. 2020. - №3. -c .119-123.

27. Shaitura S. V. Recursos de informação em geoinformática // Recursos e tecnologias educativas. - 2015. - №1(9). - c.103-108.

28. Tsvetkov V.Y., Rosenberg I.N. Sistemas de transporte inteligentes - Saarbrucken, 2012. - 297 c.

29. Mayorov A.A., Tsvetkov V.Ya. A geoinformática como a direção mais importante do desenvolvimento da informática // Tecnologias da informação. - 2013. - № 11. - c.2-7.

30. Chandrasekar K. Informática: Uma Disciplina Emergente da Era da Informação //Jaffna Science Ass. - 2013. - Т. 19. - №. 2. - С. 4.

31. Bauer F., Gooz G. Informatics. - M.: Mir, 1976. - 486 c.

32. Savinykh V.P., Tsvetkov V.Ya. Integração de tecnologias GIS e sistemas de deteção remota da Terra // Earth Exploration from Space. - 2000. - №2. - c.83-86.

33. Vanicek P., Krakiwsky E. J. Geodesia: os conceitos. - Elsevier Science

Publisher B.V. 1986 reimpresso por Elsevier, 2015. - 778p. ISBN 0444- 87775-4.

34. Tsvetkov V.Ya. Spatial relations in geoinformatics// Earth Sciences. - 2012. - №1. - с.59-61

35. Tsvetkov V.Ya. Tipos de relações espaciais // Uspekhi sovremennoi naukhnostvosnaniya. - 2013. - № 5 - с.138-140.

36. Tsvetkov V.Ya. Sobre as relações espaciais e económicas // Revista Internacional de Educação Experimental. - 2013. - №3. - с.115-117.

37. Bakhareva N.A. Análise das relações espaciais // Slavic Forum. 2021, 3(33). C.7-15

38. Tsvetkov V.Ya. Spatial knowledge // International Journal of Applied and Fundamental Research. - 2013. - №7. - с.43-47.

39. Kuzhelev P. D. Conhecimento espacial para a gestão dos transportes // Conselheiro de Estado. - 2016. - №2. - с 17-22.

40. Munzer S., Lorch L., Frankenstein J. Wayfinding e aquisição de conhecimentos espaciais com assistência à navegação //Journal of Experimental Psychology: Applied. - 2020. - T. 26. - №. 1. - C. 73

41. Tsvetkov V.Ya. Formação do conhecimento espacial: Monografia. - Moscovo: MAKS Press, 2015. - 68 c.

42. Maksimova M.V. Apoio coordenado da monitorização geodésica // Ciências da Terra" № 1-2013 - p.49-54.

43. Rosenberg I.N., Tsvetkov V.Y. Sistemas de coordenadas em geoinformática - MGUPS, 2009. -67 c

44. Tsvetkov V.Ya. Coordinate systems in geoinformatics (Sistemas de coordenadas em geoinformática). - M.: Max Press 2005 - 49 p.

45. Yip, K., and Zhao, F. Spatial aggregation: theory and applications. // 1996. Journal of Artificial Intelligence Research, 5,1-26.

46. Glushkov V. V., Nasretdinov K. K., Sharavin A.. A. Geodesia espacial: métodos e perspectivas de desenvolvimento. - Instituto de Análise Política e Militar, 2002 - 448 pp.

47. Oznamets V.V. A evolução da geodesia espacial // Russian Journal of Astrophysical Research. Série A, 2023,9(1). C. 14-19.

48. Oznamets V.V., Tsvetkov V.Ya. Geodesia espacial de pequenos corpos celestes // Russian Journal of Astrophysical Research. Série A. 2019, 5(1). c. 30-40

49. Gospodinov S. G. O desenvolvimento da astronomia geodésica // Russian Journal of Astrophysical Research. Série A, 2018, 4(1). C. 9-33

50. Gospodinov S.G. Evolução da astronomia geodésica // Russian Journal of Investigação Astrofísica. Série A, 2022,8(1). C. 3-11.

51. Plakhov Y.V. Krasnorylov I.I. Geodesic astronomy. - M.: Kartocentre-

Geodesizdat, 2002. -390c.

52. Gospodinov G.S. Geodesic astronomy and space geoinformatics // Railways Science and Technology. - 2017. - 1(1). - c.45-50/

53. Kaula W. M. Teoria da geodesia por satélite: aplicações dos satélites à geodesia. - Courier Corporation, 2013.

54. Savinykh, V.P. Desenvolvimento da geoinformática espacial // Slavic fórum, 2016. -2(12). - c.223-230.

55. V. G. Bondur, V. Ya. Tsvetkov. Nova direção científica da geoinformática espacial // Revista Europeia de Tecnologia e Design, 2015, 4 (10), pp. 118-126.

56. Savinykh V.P. New view on geodesy // ITNOU: Tecnologias da informação na ciência, educação e gestão. - 2019. - № 1. - c. 58-63.

57. Gudehus G., Touplikiotis A. Sobre a estabilidade dos sistemas geotécnicos e a sua perda progressiva fractal //Ata Geotechnica. - 2018. - T. 13. - №. 2. - C. 317328.

58. Tsvetkov, V.Ya.; Kuzhelev, P.D. O caminho de ferro como sistema geotécnico // Uspekhi sovremennoi nauchnostvosnaniya. -2009. - №4. - c. 52/

59. Bakhareva N.A. Sistemas geotécnicos // Slavic Forum. 2023, 2(40). C. 27-37.

60. Grande Enciclopédia Soviética: Em 30 vol. - Moscovo: "Enciclopédia Soviética", 1969-1978/.

61. Raymond A. J. et al. Revisão das categorias de impacto e dos indicadores ambientais para a avaliação do ciclo de vida dos sistemas geotécnicos // Journal of Industrial Ecology. - 2020. - T. 24. - №. 3. - C. 485-499.

62. Chowdhury R. N., Xu D. W. Fiabilidade do sistema geotécnico de taludes //Engenharia de Fiabilidade e Segurança de Sistemas. - 1995. - T. 47. - №. 3. - C. 141-151.

63. Zhang J., Zhang L. M., Tang W. H. Reliability-based optimisation of geotechnical systems //Journal of Geotechnical and Geoenvironmental Engineering. H. Reliability-based optimisation of geotechnical systems // Journal of Geotechnical and Geoenvironmental Engineering. - 2011. - T. 137. - №. 12. - C. 1211-1221.

64. Zhang J., Zhang L. M., Tang W. H. Reliability-based optimisation of geotechnical systems //Journal of Geotechnical and Geoenvironmental Engineering. H. Reliability-based optimisation of geotechnical systems // Journal of Geotechnical and Geoenvironmental Engineering. - 2011. - T. 137. - №. 12. - C. 1211-1221.

65. Li D. Q. et al. Distribuição bivariada de parâmetros de resistência ao cisalhamento utilizando cópulas e o seu impacto na fiabilidade do sistema geotécnico //Computadores e Geotecnia. - 2015. - T. 68. - C. 184-195

66. Elmekati A., El Shamy U. Uma abordagem prática de co-simulação para a análise multi-escala de sistemas geotécnicos //Computers and Geotechnics. - 2010. - Т. 37. - №. 4. - С. 494-503

67. Basu D., Misra A., Puppala A. J. Sustainability and geotechnical engineering: perspectives and review //Canadian geotechnical journal. - 2015. - Т. 52. - №. 1. - С. 96-113.

68. Zhang W. et al. Aplicação de algoritmos de aprendizagem profunda em engenharia geotécnica: uma breve revisão crítica //Artificial Intelligence Review. - 2021. - С. 1-41

69. Wood D. M. Geotechnical modelling. - CRC press, 2003. - Т. 1.

70. Phoon K. K., Tang C. Caracterização da incerteza do modelo geotécnico //Georisk: Assessment and Management of Risk for Engineered Systems and Geohazards. - 2019. - Т. 13. - №. 2. - С. 101-130.

71. Raymond A. J. et al. Revisão das categorias de impacto e dos indicadores ambientais para a avaliação do ciclo de vida dos sistemas geotécnicos // Journal of Industrial Ecology. - 2020. - Т. 24. - №. 3. - С. 485-499.

72. Abaturova I. et al. Assegurar o funcionamento sustentável do sistema geotécnico de depósitos minerais em condições geológicas e de engenharia difíceis //25th European Meeting of Environmental and Engineering Geofísica. - EAGE Publications BV, 2019. - Т. 2019. - №. 1. - С. 1-5.

73. Rosenberg I.N., Voznesenskaya M.E. Geocognição e georreferência // Boletim da Universidade Pedagógica Regional do Estado de Moscovo. -2010. - № 2. - c. 116-118.

74. Tsvetkov V. Ya. Geoknowledge // Jornal Europeu de Tecnologia e Design. - 2016, 3(13), pp. 122-132.

75. Baghbani A. et al. Application of artificial intelligence in geotechnical engineering: A state-of-the-art review //Earth-Science Reviews. - 2022. - Т. 228. - C.103991

76. Klyuev P. V. et al. Análise complexa da aplicação de tecnologias eficazes para melhorar o desenvolvimento sustentável do sistema natural-técnico // Desenvolvimento sustentável dos territórios de montanha. - 2020. - Т. 12. - №. 2. - С. 283-290.

77. Suzdaleva A. L. Criação de sistemas naturais-técnicos controlados // Ciências Naturais e Técnicas. - 2016. - №. 8. - С. 43-46.

78. Maslikov V. I., Fedorov M. P. Sistemas naturais-técnicos na engenharia de energia // Izvestia da Academia Russa de Ciências. Energética. - 2006. - №. 5. - С. 7-16.

79. DeJong J., Tibbett M., Fourie A. Sistemas geotécnicos que evoluem com processos ecológicos /Ciências da terra ambientais. - 2015. - Т. 73. - С. 10671082.

80. Tsvetkov V.Ya. Teoria dos sistemas. - M.: MAKS Press, 2018. - 88 c.

81. Nomokonova O.Yu Sistemas de dados complexos // Fórum Eslavo. - 2019. - 2(24). - c.129-136

82. Pavlov, A.I. Sistemas organizacionais complexos // Fórum Eslavo. -2018. - 4 (22). - c.54-59

83. Buravtsev, A.V. Sistemas tecnológicos complexos// Fórum Eslavo. - 2017. - 4(18). - c.14-19.

84. Tsvetkov V. Ya. Informatização: criação de tecnologias de informação modernas. Parte 1. Estruturas de dados e meios técnicos. - Moscovo: SCST, VSTCentre, 1990. - 118 c.

85. Tsvetkov V.Ya. Sistemas técnicos complexos // Recursos e tecnologias educacionais - 2017.-3 (20). - c.86-92

86. Rosenberg I.N., Soloviev I.V., Tsvetkov V.Ya. Complex innovations in the management of complex organisational and technical systems. / editado por V.I. Yakunin - M.: Feoria, 2010. - 248 c.

87. Tsvetkov V.Ya. Relação, conexão, correspondência // Fórum Eslavo, 2016. -2(12). - c.272-276.

88. Tsvetkov, V.Ya. Aplicação de tecnologias de geoinformação para apoio à tomada de decisões // Izvestiya vysokikh uchebnykh obrazovaniya. Geodesia e fotografia aérea. - 2001. - №4. - c.128-138.

89. Bulgakov S.V., Kovalchuk A.V., Tsvetkov V.Y., Shaitura S.V. Sistemas integrados de geoinformação. - Moscovo: Universidade Técnica Estatal de Moscovo Bauman, 2007 - 113 p.

90. Tsvetkov, V.Ya. Geoinformação monitorização geotécnica // Ciências da Terra. - 2012.-№4. c.054-058.

91. Bulgakov, S.V. Monitorização geotécnica dos transportes // Ciência e tecnologia dos caminhos-de-ferro. 2021. T. 5. №1 (17). - c.42-49

92. Markelov V.M., Tsvetkov V.Y. Geomonitorização// Fórum Eslavo, 2015. - 2(8). - c.177-184

93. Elsukov P. Yu. Desenvolvimento da geomonitorização// Fórum Eslavo. - 2020. - 4(30). -c.55-65.

94. Tsvetkov V.Ya. Sistemas aplicados // Izvestia vysshee obrazovaniya vysshee obrazovaniya. Geodesia e fotografia aérea. - 2005. - №3. - c.76- 85.

95. Tsvetkov V.Ya. Geoinformation monitoring // Izvestiya vysshee obrazovaniya vysshee obrazovaniya. Geodesia e fotografia aérea. - 2005. - №5. - c.151 -155.

96. Rosenberg I.N., Tsvetkov V.Ya. Gestão semiótica dos sistemas de transporte // Fórum Eslavo, 2015. - 2(8) - c.275-282

97. Tsvetkov, V.Ya. Semiotic approach to the construction of data models in automated information systems // Izvestiya vysokikh uchebnykh obrazovaniya.

Geodesia e fotografia aérea. - 2000. - №5. - c. 142-145

98. Tsvetkov V.Ya. Unidades de informação paralinguística na educação// Perspectivas da Ciência e da Educação. - 2013. - 4(4). - c.30-38

99. Kuj A. S. Recolha e medição de geodados em Ciências da Terra// Fórum Eslavo. - 2013. - 2(4). - c.135-139

100. Matchin V.T. Formação de geodados// Fórum Eslavo, 2015. - 2(8) - c.185-193.

101. Tsvetkov V.Ya., Shaitura S.V., Minitaeva A.M., Feoktistova V.M., Kozhaev Yu.P., Belyu L.P. Metamodelagem no campo da informação // Amazonia Investiga. 2020. T. 9. № 25. C. 395-402.

102. Buravtsev A.B., Tsvetkov V.Ya. Cloud computing for big geospatial data // Information and Space. 2019. - №3. -c .110115.

103. Levin B.A., Tsvetkov V.Ya. Processos de informação no espaço de "big data" // World of Transport. 2017. - T.15, №6(73). - c.20-30.

104. Tsvetkov, V.Ya., Oznamets, V.V.. Big data no apoio geodésico // Geodesia e Cartografia. 2022. T. 83. № 10. C. 9-19.

105. Hancock J. T., Khoshgoftaar T. M. CatBoost para grandes volumes de dados: uma análise interdisciplinar // Journal of big data. - 2020. - T. 7. - №. 1. - C. 1-45.

106. Deepa N. et al. A survey on blockchain for big data: Approaches, opportunities, and future diretions //Future Generation Computer Systems. - 2022. - T. 131. - C. 209-226.

107. Wang J. et al. Big data service architecture: a survey // Journal of Internet Technology. - 2020. - T. 21. - №. 2. - C. 393-405.

108. Baghbani A. et al. Application of artificial intelligence in geotechnical engineering: A state-of-the-art review //Earth-Science Reviews. - 2022. - T. 228. - C. 103991

109. Mitchell J. K., Santamarina J. C. Biological considerations in geotechnical engineering //Journal of geotechnical and geoenvironmental engineering. - 2005. - T. 131. - №. 10. - C. 1222-1233

110. Tsvetkov V. Ya. Sistema geotécnico // Questões actuais da ciência e da educação modernas. - 2021. - C. 144-151.

111. Udachin V. N. N., Aminov P. G., Williamson B. D. Geoquímica do ambiente dos sistemas geotécnicos dos Urais do Sul // Ciências Naturais e Técnicas. D. Geoquímica ambiental de sistemas geotécnicos dos Urais do Sul // Ciências Naturais e Técnicas. - 2009. - №. 6. - C. 298-306.

112. Carri A. et al. Vantagens dos sistemas de monitorização geotécnica baseados na IoT que integram procedimentos automáticos de aquisição e elaboração de dados //Sensors. - 2021. - T. 21. - №. 6. - C. 2249.

113. Tsang H. H., Pitilakis K. Mechanism of geotechnical seismic isolation

system: Analytical modelling //Soil Dynamics and Earthquake Engineering. - 2019. - T. 122. - C. 171-184.

114.	Barrile V. et al. Integração de metodologias geomáticas e criação de um app de patrimônio cultural utilizando realidade aumentada //Virtual Archaeology Review. - 2019. - T. 10. - №. 20. - C. 40-51.

115.	Barrile V., Fotia A., Bilotta G. Experiências de geomática e realidade aumentada para o património cultural //Applied Geomatics. - 2018. - T. 10. - №. 4. - C. 569-578.

116.	El-Zeiny A. M., El Kafrawy S. B., Ahmed M. H. Geomatics based approach for assessing Qaroun Lake pollution //The Egyptian Journal of Remote Sensing and Space Science. - 2019. - T. 22. - №. 3. - C. 279-296.

117.	Ogundare J. O. Understanding least squares estimation and geomatics data analysis (Compreender a estimativa dos mínimos quadrados e a análise de dados geomáticos). - John Wiley & Sons, 2018.

118.	ISO OSI/TC 211: Informação Geográfica/ Geomática, Projeto de Norma Internacional.

119.	Golubev B.B., Fartukova I.S., Tsvetkov V.Y. Internacional Conferência "Educação no domínio da geodesia, cadastro e ordenamento do território: tendências de globalização e convergência" // Geodesia e Cartografia - 2012.- № 10. - c56-59

120.	Tsvetkov V.Ya. Conferência Internacional "Educação no domínio da geodesia, cadastro e gestão do território: tendências de globalização e convergência"// Engineering Surveys. -2012. - № 11. - c.12-14

121.	Tsvetkov V.Ya. Criação de uma base de informação integrada de SIG// Izvestiya vysshee obrazovaniya vysshee obrazovaniya. Geodesia e fotografia aérea. - 2000. - №4. - c.150-154.

122.	Rosenberg I.N. Geoinformation model // International Journal of Applied and Fundamental Research. - 2016. - №5-4. - c. 675-676

123.	Ozherelieva T.A. Situação da informação como ferramenta de gestão // Slavic Forum, 2016. -4(14). - c.176-181.

124.	Tsvetkov V.Ya. Sistemática das situações de informação // Perspectivas da Ciência e da Educação. - 2016. - №5 (23). - c.64-68.

125.	Pavlov A.I. Situação da informação espacial // Fórum Eslavo, 2016. - 4(14). - c.198-203.

126.	Tsvetkov V. Ya. Modelação situacional em geoinformática // Tecnologias da informação. - 2014. - №6. - c.64-69

127.	ISO/TR 19122:2004(en) Informação geográfica/Geomática - Qualificação e certificação de pessoal.

128.	ACSG - Association canadienne des sciences geomatiques (Section Champlain) /// Des references utiles en geomatique". acsgchamplain.scg.ulaval.ca.

129. Arrete du 27 decembre 1994 relatif a la terminologie de la teledetection aerospatiale, recuperado em 2019-11-04.

130. Paradis, Michel (setembro de 1981). "De l'arpentage a la geomatique". Le Geometre Canadien (em francês). 35 (3): 262

131. Lexikon der Kartographie und Geomatik: in zwei Banden - Heidelberg; Spekrum Akademisher verlag - Berlin / Bd1/ A bis Karti/ - 2001 - 453 s

132. Boehm, Richard G.; Mohan, Audrey (2010). "Tecnologia Geoespacial: Pedra angular curricular da Geografia Aplicada". Revista Internacional de Investigação Geoespacial Aplicada. 1 (1): 26-39. doi:10.4018/jagr.2010071602. ISSN 19479654.

133. Scholten, H.J.; Velde, R.; van Manen, N. (2009). Geospatial Technology and the Role of Location in Science (Tecnologia Geoespacial e o Papel da Localização na Ciência). Biblioteca de GeoJournal. Springer Netherlands. p. 1. ISBN 978-90-481-2620-0. Recuperado em 2022-01-28

134. "Curtin University - Cursos de ciências espaciais". Arquivado do original em 2015-09-10. Recuperado em 2016-07-31.

135. Universidade da Tasmânia, Centro de Ciências da Informação Espacial, Cursos Arquivado 25/07/2008 no Máquina Wayback

136. "Universidade de Adelaide, Especialização em Ecologia e Ciências Espaciais" (PDF). adelaide.edu.au. Arquivado de o original (PDF) em 21 de agosto de 2014. Recuperado em 2 de abril de 2018.

137. Universidade de Melbourne - Ciência da Informação Espacial[permanent dead link]

138. "Agrimensura e ciências geoespaciais - Universidade RMIT".

139. Empregos de engenheiro geoespacial (12Y)". goarmy.com. Recuperado em 2 de abril de 2018.

140. Engenheiro Geoespacial 12Y - Guarda Nacional." www.nationalguard.com. Recuperado em 2 de abril de 2022.

141. V. Ya. Tsvetkov. Economia das relações espaciais // Jornal Europeu de Estudos Económicos 2013, Vol.(3), No. 1 p.57-60/

142. Romanov I.A. O estado da economia espacial // Fórum Eslavo. - 2013. - 1(3). - c.110-115.

143. Markelov V.M. Logística e economia espacial // Fórum Eslavo. - 2013. - 1(3). - pp.91-95yu

144. Tsvetkov V. Y., Bulgakov S. V. V. Geoinformática logística - Moscovo: MAKS Press, 2023. - 192 c.

145. Todorova A.I. Application of geoinformatics in geoecology // Slavic Forum. 2023, 1(39). C. 358-362.

146. Deshko, I.P.; Tsvetkov, V.Ya. Modelação da informação em estudos

ecológicos da paisagem // Slavic Forum. -2020. - 3(29). -c.31-43.

147. Koliopoulos T. K., Katsoni V. Os utilitários inovadores de saúde pública geoinformática para instalações de turismo ecológico sustentável //Inovação Cultural e Turística na Era Digital: Sexta Conferência Internacional IACuDiT, Atenas 2019. - Springer International Publishing, 2020. - C. 649-659.

148. Ikonnikov V. F., Sedun A. M., Tokarevskaya N. G. Geoinformática económica: um programa de formação para estudantes de graduação. - BSEU, Minsk, 2012.-8c

149. Levin B.A., Kruglov V.M., Matveev S.I., Kougia V.A., Tsvetkov V.Ya. Geoinformática dos transportes // Revista Internacional de Educação Experimental. - 2015. - № 3 - C. 223-223.

150. Levin B.A., Kruglov V.M., Matveev S.I., Tsvetkov V.Y., Kougia V.A. Geoinformatics of transport. - M.: VINITI RAN, 2006. - 336 c.

151. Bulgakov S. V. Geoinformática dos transportes nas condições da transformação digital // Ciência e tecnologia dos caminhos-de-ferro. - 2021. - T. 5. - №. 3. - C. 28-37.

152. Shaitura S.V., Kozhaev Yu. P. Geoinformática do transporte rodoviário // Fórum Eslavo. - 2019. - №. 3. - C. 379-386.

153. Tsvetkov V.Y., Savinykh V.P. Space geoinformatics: textbook for universities. - São Petersburgo: Lan, 2022. - 184 c.

154. Rajakaruna N., Boyd S. Geoecology //Oxford Bibliographies in Ecology. - 2014.

155. Nyrtsov M. V. Desenvolvimento da teoria e metodologia de mapeamento de pequenos corpos celestes. Dne. sobre concurso de grau académico Doutor em Ciências Técnicas Especialidade 25.00.33
- Cartografia. - Moscovo: MIIGAiK, 2012, - Vol.1. - 447p/.

156. Savinykh V. P., Tsvetkov V. Ya. Geoinformática como um sistema de ciências // Geodesia e Cartografia. - 2013. - №4. - c.52-57

157. Tebekin A. V. Logística. - Moscovo. Dashkov & K, 2018. -356c.

158. Nerush Y. M., Nerush A. Yu. Logística. - Moscovo: Yurait, 2019. - 559c.

159. Ivut, R. B. Logística: livro didático para estudantes. - Minsk : BITU, 2021. -462 c

160. Tien N. H., Anh D. B. H., Thuc T. D. Cadeia de abastecimento global e gestão logística //Dehli: Publicações Académicas. - 2019.

161. Harrison A. et al. Gestão e estratégia da logística: competir através da cadeia de abastecimento. - Pearson UK, 2019.

162. Raev V.K., Tsvetkov V.Ya. Cadeias lógicas // Aprendizagem à distância e virtual. 2018. - № 1(120). - c.14-21

163. Winarno H. et al. Food hubs and short food supply chain, efforts to realise regional food distribution centre //International Journal of Supply Chain

Management. - 2020. - Т. 9. - №. 3. - С. 338-350.

164. Kalaiarasan R. et al. Supply chain visibility for improving inbound logistics: a design science approach //International Journal of Production Research. - 2022. - С. 1-16.

165. Nogueira G. P. M. et al. O impacto ambiental do comércio eletrónico B2C de entrega rápida em operações logísticas de saída: Uma abordagem de simulação //Cleaner Logistics and Supply Chain. - 2022. - Т. 5. - С. 100070.

166. Haralambides H. E. Gigantismo no transporte marítimo de contentores, portos e logística global: um lapso de tempo para o futuro //Maritime Economics & Logistics. - 2019. - Т. 21. - №. 1. - С. 1-60.

167. Selviaridis K., Norrman A. Performance-based contracting for advanced logistics services: challenges in its adoption, design and management //International Journal of Physical Distribution & Logistics Management. - 2015.

168. Uusitalo J. A framework for CTL method-based wood procurement logistics //International Journal of Forest Engineering. - 2005. - Т. 16. - №. 2. - С. 37-46.

169. Tsvetkov V.Ya., Oznamets B.B., Filatov B.H. Solução do problema de Launhardt numa situação difusa. // Informação e Espaço. -2018. - №4. - с. 103-109

170. Konstantakopoulos G. D., Gayialis S. P., Kechagias E. P. Problema de encaminhamento de veículos e algoritmos relacionados para distribuição logística: uma revisão e classificação da literatura //Operational research. - 2022. - Т. 22. - №. 3. - С. 2033-2062.

171. Xu J., Shi Y., Zhao S. Otimização multiperíodo baseada na rede de logística inversa para a eliminação de resíduos de construção e demolição //Journal of Construction Engineering and Management. - 2019. - Т. 145. - №. 2. - С. 04018124.

172. Prajapati H., Kant R., Shankar R. Bequeath life to death: state-of-the-art review on reverse logistics //Journal of cleaner production. - 2019. - Т. 211. - С. 503-520.

173. Baah C., Jin Z., Tang L. Organisational and regulatory stakeholder pressures friends or foes to green logistics practices and financial performance: investigating corporate reputation as a missing link // Journal of cleaner production. - 2020. - Т. 247. - С. 119125.

174. Russell S. H. Growing world of logistics //Air Force Journal of Logistics. - 2000. - Т. 24. - №. 4. - С. 12.

175. Wegelius-Lehtonen T. Performance measurement in construction logistics //International journal of production economics. - 2001. - Т. 69. - №. 1. - С. 107-116.

176. Troll K. Ecologia da paisagem (geoecologia) e biogeocenologia, estudo terminológico // Izvestia AS USSR. Ser. Geográfico. 1972. №3. C. 114-120.

177. Fogel M. L. 14. Geoecologia //Perspectivas Geoquímicas. - 2019. - T. 8. - №. 2. - C. 219-229.

178. Broothaerts N. et al. Changes in floodplain geo-ecology in the Belgian loess belt during the first millennium AD //Netherlands Journal of Geosciences. - 2021. - T. 100. - C. e14.

179. Perez F. L. Geoecologia de uma cúpula granítica: interações espaciais entre gnammas, riachos, solos e cobertura vegetal, Enchanted Rock (Texas, EUA) //CATENA. - 2023. - T. 223. - C. 106938.

180. Oznamets V.V. Modelação espacial. - Saarbruken, 2021. -117 c.

181. Tsvetkov V.Ya. Information model as a basis for information processing in GIS // Izvestiya vysokikh uchebnykh obrazovaniya. Geodesia e fotografia aérea. -2005. - №2. - c.118-122.

182. Chekharin E.E. Algoritmos de interpretação de dados de deteção remota. // Fórum Eslavo, 2015. - 3(9) - c.301-308.

183. Raev V.K. Unidades de informação no domínio da informação // Slavic Forum. 2022, 1(35). C. 104-114

184. Tsvetkov V.Ya. Modelos de informação e recursos de informação // Izvestiya vysshee obrazovaniya vysshee obrazovaniya [Izvestia de instituições de ensino superior]. Geodesia e fotografia aérea. - 2005. - №3. - c.85-91.

185. Matchin V.T. Recursos de informação como ferramenta de investigação e desenvolvimento científico // Vestnik MIREA. - 2014 - № 2 (3) - c.235-256.

186. Tsvetkov V.Ya. Designing data structures and databases - M.: Universidade Estatal de Geodesia e Cartografia de Moscovo, 1997. - 90 c .

187. Matchin V.T. Atualização de bases de dados com informação espacial // Slavic Forum, 2015. - 3(9) - c.173-180

188. Matchin V. T. Normalização na criação de bases de dados geográficas // Fórum Eslavo, 2015. - 4(10) - c.209-216.

189. Anjo A. M. et al. Lisboa como local de turismo literário: Ensaios de um mapa digital de Pessoa como um novo gatilho //Journal of Tourism, Heritage & Services Marketing (JTHSM). - 2021. - T. 7. - №. 2. - C. 58-67.

190. Wadoux A. M. J. C., Minasny B., McBratney A. B. Aprendizagem automática para cartografia digital do solo: aplicações, desafios e soluções sugeridas //Earth- Science Reviews. - 2020. - T. 210. - C. 103359.

191. Tsvetkov V.Ya. Digital maps and digital models // Izvestiya vysshee obrazovaniye vysshee obrazovaniye. Geodesia e fotografia aérea. - 2000. - №2. - c.147-155.

192. Gura D. A. et al. Sobre as perspectivas de implementação da tecnologia

de varredura a laser aéreo para obtenção de um modelo digital de territórios densamente incorporados //IOP Conference Series: Materials Science and Engineering. - IOP Publishing, 2019. - T. 698. - №. 4. - C. 044014.

193. Chen Y., Matsubara T., Yaguchi T. Neural symplectic form: learning Hamiltonian equations on general coordinate systems //Advances in Neural Information Processing Systems. - 2021. - T. 34. - C. 16659-16670./

194. Kolz C. W. et al. A interpretação fiável da cinemática escapular depende da definição do sistema de coordenadas //Gait & posture. - 2020. - T. 81. - C. 183-190.

195. Rodrigue J. P., Ducruet C. 2.1 - A geografia das redes de transportes. - 2020.

196. Shaw J., Hesse M. Transport, geography and the'new'mobilities //Transactions of the Institute of British Geographers. - 2010. - T. 35. - №. 3. - C. 305-312.

197. Bondur V. G., Tsvetkov V. Ya. Análise de sistemas na investigação espacial // Russian Journal of Astrophysical Research. Série A. 2015. 1 (1), p. 4-12.

198. Tsvetkov V.Ya. Análise de sistemas de SIG // Recursos e tecnologias educativas. - 2015. - №1(9). - c.97-103.

199. Tsvetkov V.Y. Análise sistémica dicotómica // Life Science Journal. 2014. T. 11. № 7s. C. 246-250

200. Kudzh, S.A.; Tsvetkov, V.Ya. Modelação das superfícies dinâmicas (em russo) // Informação e espaço. 2023. - №3. -c .80-85/

201. Rozenberg I.N., Tsvetkov V.Y. Conceção das infra-estruturas de transporte // In Proceedings: AIP Conference Proceedings. 2. Cep. "Actas da II Conferência Internacional sobre Avanços em Materiais, Sistemas e Tecnologias, CAMSTech-II 2021" 2022. C. 060005.

202. Tsvetkov V.Ya. Relações de análise qualitativa // In Proceedings: IOP Conference Series: Materials Science and Engineering. Câmara Municipal de Ciência e Tecnologia de Krasnoyarsk, Krasnoyarsk, Federação Russa, 2021. C. 12127/

203. Tsvetkov V.Ya., Tyagunov A.M. Informational synergetics // In Proceedings: AIP Conference Proceedings. Melville, Nova Iorque, Estados Unidos da América, 2021. C. 50051.

204. Savinykh V.P., Tsvetkov V.Ya. Synergetic aspect of geoinformatics and remote sensing technologies// Earth Exploration from Space.- 2002.- № 5.- p.71-78.

205. Kudzh S.A. Sinergética da informação espacial // Perspectivas da Ciência e da Educação-2014. - №5. - c.14-20.

206. Tsvetkov V.Ya. Sinergética do domínio da informação: uma monografia.

- Moscovo: MAKS Press, 2022. - 72 c.

207. Maksudova L.G., Tsvetkov V.Ya. Information modelling as a fundamental method of cognition // Izvestiya vysshee obrazovaniya vysshee obrazovaniya. Geodesia e fotografia aérea. - 2001. - №1. - c.102-106.

208. Ozherelieva T.A. GIS como sistemas de gestão // Slavic Forum. 2022, 3(37). C. 434-443.

209. Markelov V.M. GIS como sistema de gestão de transportes. // Izvestiya vysshee obrazovaniya vysshee obrazovaniya. Geodesia e fotografia aérea. 2013. - №2. - c.85. -87.

210. Tikhonov A.N., Tsvetkov V.Ya. Methods and Systems of Decision Support (Métodos e sistemas de apoio à decisão). - Moscovo: MAKS Press, 2001. -312 c.

211. Markelov, V.M. A informação espacial como fator de gestão // Conselheiro de Estado. - 2013. - №4. - c34-38.

212. Ozherel'eva T.A. Spatial situational modelling // Fórum Eslavo. 2022, 2(36). C. 134-142.

213. Tsvetkov V.Ya. Gestão da informação. - Saarbrucken, 2012. - 201c

214. Ozherelieva T. A. Gestão digital // Fórum eslavo. - 2020. - 3(29). -c.44-55.

215. Istomin E. P. et al. P. et al. Geoinformation management as a modern approach to the management of spatially-distributed systems and territories //International Multidisciplinary Scientific GeoConference Surveying Geology and Mining Ecology Management, SGEM, Bulgaria. - 2015. - T. 1. - №. 2. - C. 607-614.

216. Cassettari S. (ed.). Introdução à gestão integrada da geo-informação. - Springer Science & Business Media, 2012.

217. Ning Z. Modelo de dados cadastrais espácio-temporais: perspetiva de gestão da geo-informação na China. - ITC, 2006.

218. Tsvetkov V. Ya. Corporate governance // Modern Management Technologies. 2022. 4(100)

219. Ozherel'eva T.A. Informational corporate governance // Slavic Forum. 2023, 4(42). C. 90-103.

220. Tsvetkov V.Ya. Corporate governance: monografia. - Sofia. UASG. 2023. - 123 c. ISBN 978-619-7731-89-7

221. Markelov V.M. Integração de métodos de geoinformática e logística. // Boletim do MSTU MIREA. - 2014 - № 4 (5) - c.139-171.

222. Markelov V.M. Logística e economia espacial // Fórum Eslavo. - 2013. - 1(3). - c.91-95.

223. Ozherelieva T.A. Hard and "soft" management// Fórum Eslavo. -2018. - 1(19). - c.56-62

224. Oznamets V. V. Gestão situacional suave // Slavic
Fórum. -2018. - 2(20). - c.57-62
225. Andreeva O.A., Tsvetkov V.Y., Oznamets V.V. Modelação em massa da
geoinformação // Informação e espaço. 2020. - №2. -c .106-112
226. Oznamets V.V. Modelo exponencial e hiperbólico de avaliação
imobiliária // Slavic Forum. -2019. - 1(23). - c.26-31
227. Gospodinov S.G. Geoinformational management of real estate. -
Saarbruken, 2023. -141 c.
228. Oznamets V. V. Problemas de desenvolvimento sustentável dos
territórios // Conselheiro de Estado. - 2018. - №2. - c.11-19.
229. Oznamets V. V. Apoio informativo ao ordenamento do território //
Conselheiro de Estado. - 2018. - №4(24). - c.13-19.
230. Zhurkin I.G., Tsvetkov V.Ya. Geomarketing and GIS // Information
Technologies, No.7, 1998. p.11-13.
231. Tsvetkov V.Ya. Tarefas de geomarketing // Izvestiya vysokikh
uchebnykh obrazovaniya. Geodesia e fotografia aérea. - 2000. - №5. - c.146-
154.
232. Oznamets V.V. Geomarketing e geoserviço: Monografia. - Saarbruken:
Palmarium Academic Publishing, 2020. -177 c.
233. Zatyagalova V.V. Abordagem de geoinformação na monitorização da
poluição marinha a partir de dados de deteção remota do espaço // Ciências da
Terra. - 2-2012.- c.80-85.
234. Rozenberg I.N., Tsvetkov V.Ya. A abordagem da Geoinformação //
Eurupean Journal of Natural History. - 2009. - №5. - p.102 -103
235. Tsvetkov V.Ya. Fundamentals of geoinformation modelling // Izvestiya
vysokikh uchebnykh uchebnykh obrazovaniye. Geodesia e fotografia aérea. -
1999. - №4. - c.147 -157
236. Akhralov S. S. et al. Geoinformation technologies and methods of
mathematical modelling in hydrogeological research //Geographic information
systems and technologies. InterCartoInterGIS. - 2020. - T. 26. - C. 240-252.
237. Savinykh V.P. Modelação de geoinformação na investigação espacial //
Recursos e tecnologias educativas - 2017. -3 (20). - c.109-117.
238. Lototskii V.L. Modelação da informação espacial // Recursos e
tecnologias educativas. - 2016. - 3 (15). - c.114-122.
239. Kupriyanov A. O. Modelação digital em trabalhos geodésicos
subterrâneos // Recursos e tecnologias educativas. - 2015. - №4 (12). - c.57-65.
240. Oznamets V .V. Geoinformation semasiological modelling // Recursos e
tecnologias educativas. - 2022. - № 2 (39). - C.68-75.
241. Sarycheva L. Using GMDH in ecological and socio-economical
monitoring problems //Systems Analysis Modelling Simulation. - 2003. - T. 43.

- №. 10. - C. 1409-1414.

242. Barzegar M. et al. Tecnologia MEMS e aplicações na monitorização geotécnica: uma revisão //Measurement Science and Technology. - 2022. - T. 33. - №. 5. - C. 052001.

243. Todorova A.I. Application of geoinformatics in geoecology // Slavic Forum. 2023, 1(39). C. 358-362.

244. Raev, V.K. Dynamic geoinformatics // Fórum eslavo.
2022, 2(36). C. 195-205

245. Silin Y. P., Animitsa E. G. Evolução do paradigma da economia regional //Journal of new economy. - 2020. - T. 21. - №. 1. - C. 5-28.

246. Bakhareva N.A. Sinergética da informação espacial // Fórum Eslavo - 2014. - 1(5). - c.25 -32.

247. Gospodinov S.G. Geoinformational management of real estate. - Saarbruken, 2023. -141 c.

248. Shaitura S.V. Situação da informação em geoinformática// Recursos e tecnologias educativas. - 2016. - №5 (17). - c.103-108.

249. Abatecola G. et al. Real estate management: past, present, and future research diretions //International Journal of Globalisation and Small Business. - 2013. - T. 5. - №. 1-2. - C. 98-113.

250. Tsvetkov V. Ya. Governo das sociedades // Tecnologias de gestão modernas. ISSN 2226-9339. - №4 (100).

251. van der Voordt T. Gestão de instalações e gestão do património imobiliário empresarial: FM/CREM ou FREM? //Journal of Facilities Management. - 2017.

252. Appel-Meulenbroek R., Omar A. J. Branding theory contributions to corporate real estate management //A Handbook of Management Theories and Models for Office Environments and Services. - Routledge, 2021. - C. 129-139.

253. V. Ya. Tsvetkov, método de recursos da estimativa do ciclo de vida do sistema de informação // Jornal Europeu de Tecnologia e Design. - 2014. № 2 (4). p.8691.

254. Rogova A. V., Krivoruchko K. Yu. V., Krivoruchko K. Yu. Gestão do ciclo de vida de objectos imobiliários com base em tecnologias BIM //Investimentos, planeamento urbano, imobiliário como motores do desenvolvimento socioeconómico do território e melhoria da qualidade de vida da população. - 2022. - C. 223-228.

255. Ponyavina N. A., Zubareva Y. V., Zuev E. A. Aplicação de IOT na fase de operação de objectos imobiliários // Construção e Imobiliário. - 2018. - T. 1. - №. 2-1. - C. 29-33

256. Ratcliffe J., Stubbs M., Keeping M. Urban planning and real estate development (Planeamento urbano e desenvolvimento imobiliário). - Routledge,

2021/.

257. Bogoutdinov B.B., Tsvetkov V.Ya. Aplicação do modelo de recursos complementares na atividade de investimento // Vestnik of Mordovian University. -2014. - T. 24. № 4. - c.103-116

258. Jiang F., Kim K. A. Corporate governance in China: A survey //Review of Finance. - 2020. - T. 24. - №. 4. - C. 733-772.

259. Bolshakov N. et al. As-built BIM in real estate management: the change of paradigm in digital transformation of economy //IOP Conference Series: Ciência e Engenharia de Materiais. - IOP Publishing, 2020. - T. 940. - №. 1. - C.012017

260. Tao F. Análise do desempenho de entidades gestoras de património imobiliário com base no modelo DEA e no modelo de rede neural BP //Journal of Physics: Conference Series. - IOP Publishing, 2021. - T. 1744. - №. 2. - C. 022025

261. Munawar H. S. et al. Big data e as suas aplicações no sector imobiliário inteligente e no ciclo de vida da gestão de catástrofes: uma análise sistemática //Big Data and Cognitive Computing. - 2020. - T. 4. - №. 2. - C. 4

262. Rothschild-Elyassi G., Koehler J., Simon J. Justiça atuarial / O manual do controlo social. - 2018. - C. 194-206

263. Mirdjalilova D. S., Ziyayev M. K. Formas de melhorar a gestão imobiliária com base nos serviços de topografia //Theoretical & Applied Science. - 2020. - №. 1. - C. 156-162.

264. Bolshakov N. et al. Ativo digital no sistema de gestão imobiliária //E3S Web of Conferences. - EDP Ciências, 2021. - T. 263. - C. 04039.

265. Guarini M. R., Battisti F., Chiovitti A. Uma metodologia para a seleção de métodos de análise de decisão multicritério em processos de gestão imobiliária e territorial //Sustainability. - 2018. - T. 10. - №. 2. - C. 507.

266. Bernhold T., Wiesweg N. A utilização de indicadores-chave de desempenho na gestão imobiliária Um balanço ao longo do nível de maturidade CREM //Ata do 20.º Simpósio de Investigação EuroFM 2021. - 2021.

267. Tsvetkov V.Ya. Desenvolvimento de tecnologias de gestão // Conselheiro de Estado. - 2015. - №4(12). - c.5-10.

268. Tsipinova B. S., Astakhova I. A., Ashinov Y. N. Regulação estatal das relações fundiárias e de propriedade // Ciência, educação e inovação para o complexo agroindustrial: estado, problemas e perspectivas. - 2018. - C. 259263.

269. Andrusov A., Svetlov E. Gestão comercial do sector imobiliário com base em indicadores-chave de desempenho // Management Accounting and Finance. - 2005. - №. 4. - C. 38-46.

270. Greenberg A., Gorbachev N. Tecnologias da informação e da gestão. - Litros, 2022.

271. Kornilkov S. V. et al. Especificação das abordagens de monitorização da geoinformação para avaliar a dinâmica de desenvolvimento das empresas mineiras como sistemas naturais e tecnológicos // Izvestia vysshee obrazovaniye vysshee obrazovaniye. Gornyj zhurnal. - 2020. - №. 8. - C. 41-51.

272. Savinykh V.P. Estado da Geoinformática Espacial. Artigo monográfico // Fórum Eslavo. 2021, 2(32). C.7-17.

273. Tsvetkov V.Ya. Métodos e sistemas de processamento e apresentação de informação vídeo. - Moscovo: SCST, VNTICentre, 1991. - 113 c.

274. Shayekhov I. M., Bikmullina I. I. Organização da representação visual de dados // Vestnik da Universidade Tecnológica. - 2019. - T. 22. - №. 6. - C. 167-169

275. Lvovich Ya. E. E., Preobrazhensky A. P. Caraterísticas do armazenamento de dados em sistemas empresariais // Boletim do Instituto de Alta Tecnologia de Voronezh. - 2020. - №. 1. - C. 31-33.

276. Stroganova I. A. Repositório - uma nova instituição do mercado de derivados OTC. - 2019.

277. Savinykh V.P., Solovyov I.V., Tsvetkov V.Ya. Desenvolvimento da infraestrutura nacional de dados espaciais com base no desenvolvimento do fundo cartográfico e geodésico da Federação Russa // Izvestiya vysokikh uchebnykh uchebnykh obrazovaniye. Geodesia e fotografia aérea. - 2011. - №5. - c.85-91.

278. Mahmoud Ibrahim M. Sistema de Gestão Imobiliária. - Universidade de Ciências e Artes Modernas, outubro de 2019

279. Tsvetkov V.Ya., Bulgakov C.B., Titov E.K., Rogov I.E. Metamodelação em geoinformática // Informação e espaço. 2020. - №1. -c .112-119.

280. Zaitseva O. V. Metamodelação espacial // Fórum eslavo. V. Metamodelação espacial // Fórum eslavo. 2021, 3(33). C.57-68/

281. Gross M., Zrobek R. A boa governação em alguns sistemas de gestão do património imobiliário público //Land Use Policy. - 2015. - T. 49. - C. 352-364

282. Zavadskas E. K. et al. An integrated assessment of the municipal buildings' use including sustainability criteria //Sustainable Cities and Society. - 2021. - T. 67. - C. 102708.

283. Buck K. D., Summers J. K., Smith L. M. Investigating the relationship between environmental quality, socio-spatial segregation and the social dimension of sustainability in US urban areas //Sustainable Cities and Society. - 2021. - T. 67. - C. 102732.

284. Kudzh C.A., Gurtov B.S. Gestão estatal do património imobiliário das organizações educativas: uma monografia. - Moscovo. MAKS Press, 2023. - 152 c.

285. Tsvetkov V.Ya., Tyagunov A.M. Information needs in the information

realm // In Proceedings: AIP Conference Proceedings. 2. Сер. "Actas da II Conferência Internacional sobre Avanços em Materiais, Sistemas e Tecnologias, CAMSTech-II 2021" 2022. С. 050004.

286. Tsvetkov V.Ya. Sistemas de medição de informação e tecnologias em geoinformática. - Moscovo: MAKS Press, 2016. - 94 c.

287. Tsvetkov V.Y., Bolbakov R.G., Mordvinov V.A., Plotmikov S.B.. Descarte de medições anormais // In: Informática e Cibernética em Sistemas Inteligentes. Actas da 10.ª Conferência Online de Ciências da Computação 2021, Vol. 3. Actas da 10ª Conferência Online de Ciências da Computação. Сер. "Notas de aula em redes e sistemas 2021. С. 710-717

288. Hadas T. et al. Impacto e implementação de efeitos ionosféricos de ordem superior em aplicações GNSS precisas //Journal of Geophysical Research: Solid Earth. - 2017. - Т. 122. - №. 11. - С. 9420-9436.

289. Kupriyanov A.O., Tsvetkov V.Ya. Aplicação do GNSS na geoinformática aplicada // Recursos e tecnologias educativas. - 2016. - 1 (13). - c.135-144.

290. Wang N. et al. Refinamento dos coeficientes ionosféricos globais para aplicações GNSS: Metodologia e resultados //Advances in Space Research. - 2019. - Т. 63. - №. 1. - С. 343-358.

291. Ozherel'eva T.A. Modelos de relações de dados no domínio da informação // International Journal of Applied and Fundamental Research. - 2015. - № 2 - С. 22-24.

292. Potapov A. S. Situação da informação e posição da informação no domínio da informação // Fórum Eslavo. - 2017. - 1(15). - c.283-289.

293. Tsvetkov V. Ya. Espaço de informação, campo de informação, ambiente de informação // Pesquisador europeu. 2014. № 8-1(80). p.1416-1422

294. Spesivtsev A. A. Sistemas globais de navegação por satélite // Abordagens de aproximação e análise de dados geofísicos. - 2020. - С. 26-26/

295. Veselov V. V. et al. Sobre a necessidade de utilizar estações de base de referência permanentes para trabalhos cadastrais //Modelos e tecnologias de gestão da natureza (aspeto regional).
- 2019. - №. 1 (8). - С. 142/

296. Quan Y. et al. Método de deteção de multipercurso baseado em rede neural convolucional para posicionamento estático e cinemático de GPS de alta precisão //Remote Sensing. - 2018. - Т. 10. - №. 12. - С. 2052.

297. Jamieson M., Gillins D. T. Análise comparativa dos serviços de pós-processamento GNSS estático em linha // Journal of surveying engineering. - 2018. - Т. 144. - №. 4. - С. 05018002.

298. Defaria C. et al. Masterização cinematográfica para realidade virtual e realidade aumentada: patente pendente. 16712820 US. - 2020.

299. GOST R 55536- 2013 Sistemas globais de navegação por satélite. Métodos e tecnologias de trabalhos geodésicos. Requisitos gerais para os parâmetros geodésicos fundamentais. Moscovo, Standardinform, 2013.

300. Bugajewski L., M. Tsvetkov V.Ya. Sistemas de Geoinformação. - M.: "Zlatoust", 2000 - 224 p.

301. Tsvetkov V. Ya. Ambiente semântico de unidades de informação // Pesquisador europeu. 2014, № 6-1 (76). p. 1059-1065.

302. Ozhereleva T. A. Sistemática para unidades de informação // Investigador Europeu. 2014, No. 11/1 (86), pp. 1894-1900.

303. Tsvetkov, V. Ya. Semântica das unidades de informação (em russo) // Uspekhi sovremennoi nauchnostvosnaniya. - 2007. - №10. - c.103-104.

304. Tsvetkov V.Ya. Information units as a means of building a picture of the world // International Journal of Applied and Fundamental Research. - 2014. - № 8 -4. - c. 36-40.

305. Kudzh S.A., Tsvetkov V.Y. Unidades educativas de informação // Ensino à distância e virtual-2014. - №1(79). - c.2431

306. Barr M., Wells C. Teoria das categorias para a ciência da computação. - Nova Iorque: Prentice Hall, 1990.

307. Rydeheard D. E., Burstall R. M. Computational category theory. - Englewood Cliffs : Prentice Hall, 1988. - T. 152.

308. Goldblatt P., Grishin V. H., Shokurov V. V. Topos: análise categorial da lógica. - Mir, 1983.

309. Eilenberg S., MacLane S. Teoria da cohomologia em grupos abstractos. I //Annals of mathematics. - 1947. - C. 51-78.

310. Lachowski G. et al. Sobre a complexidade da tradução padrão do cálculo lambda para a lógica combinatória //Reports on Mathematical Logic. - 2018. - №. 53. - C. 19-42.

311. Ahmed M. U. et al. Um algoritmo de entropia difusa multivariada e multiescala com aplicação à análise da complexidade do EMG uterino //Entropia. - 2017. - T. 19. - №. 1. - C. 2.

312. Tsvetkov, V.Ya.; Moshchil, V.Ya. Decision-making under risk conditions in geoinformation technologies // Izvestiya vysshee obrazovaniya vysshee obrazovaniya [Izvestia de instituições de ensino superior]. Geodesia e fotografia aérea. 1999. № 4. C. 158-165.

313. Deshko I.P., Tsvetkov V. Ya. Complexidade física dos algoritmos. In Actas da 10ª Conferência em linha de Ciências da Computação "Engenharia de Software e Algoritmos". Anais da 10ª Conferência On-line de Ciência da Computação "Engenharia de Software e Algoritmos". 2021. C. 369-374.

314. Tsvetkov V. Ya. Ya., Buravtsev A.V. Conceptual programming in GIS development // In Proceedings: IOP Conference Series: Earth and

Environmental Science. Câmara Municipal de Ciência e Tecnologia de Krasnoyarsk da União Russa de Ciência e Engenharia. Krasnoyarsk, 2021. C. 32028.

315. Lee J. H., Ostwald M. J., Gu N. Measuring Cognitive Complexity //Design Thinking: Creativity, Collaboration and Culture. - Springer, Cham, 2020. - C. 85-110

316. Scott J. On the Topological Complexity of Maps //arXiv preprint arXiv:2011.10646. - 2020

317. E K Titov1 e V Ya Tsvetkov. Fiabilidade acumulada dos sistemas de hardware e software de informação, 2020. IOP Conf. Série: Ciência e Engenharia de Materiais, 919 (2020) 022055, doi:10.1088/1757-899X/919/6/022055.

318. Raev V.K. Modelos mitológicos como instrumento de investigação // Fórum Eslavo. -2020. - 3(29). -c.56-66.

319. Schneider, M., & Somers, M. (2006). As organizações como sistemas adaptativos complexos: Implicações da Teoria da Complexidade para a investigação sobre liderança. The Leadership Quarterly, 17(4), 351-365.

320. Schilling R. et al. Revisitando o impacto da complexidade da arquitetura dos sistemas de informação: uma perspetiva de sistemas adaptativos complexos. - 2017.

321. Nomokonov I.B., Tsvetkov V.Ya. Multidimensionalidade informatividade. // Aprendizagem a distância e virtual. - 2015. - №12(102). - c.74-80

322. Kudzh S.A., Tsvetkov V.Ya., Nomokonov I.B.. Informatividade de modelos visuais // Em Proceedings: Journal of Physics: Conference Series. Krasnoyarsk, Federação Russa, 2020. C. 32009

323. Tsvetkov V.Ya. Lógica espacial em geoinformática // Vetor GeoSciences. 2020. T. 3. № 2. C. 91-100.

324. Aiello M., Pratt-Hartmann I., Van Benthem J. What is Spatial Logic? // Handbook of spatial logics. - Springer, Dordrecht, 2007. - p. 1-11.

325. Tsvetkov V.Ya. Conhecimento espacial e lógica espacial // ITNOU: Tecnologias da informação em ciência, educação e gestão. - 2019.- № 3 (13). - c. 17-26.

326. Tsvetkov V.Ya. Spatial knowledge and spatial logic // ITNOU: Information technologies in science, education and management. - 2019. - № 3 (13). - c.17-26.

327. Nomokonov I.B. Lógica espacial no diagnóstico radial // Fórum Eslavo. - 2020. - 3(29). -c.129-139.

328. Tsvetkov V.Y. A utilização de condições adicionais em construções fotogramétricas // Lecture Notes in Civil Engineering. 2021. T. 151 LNCE. C.

8592.

329. Tsvetkov V.Ya., Selmanova N.N. Aplicação do método estatístico para calcular a área do objeto areal // Perspectivas da Ciência e Educação. 2018. № 1 (31). C. 214-218.

330. Lonsky I.I., Bulgakov S.V., Tsvetkov V.Ya. Lógica probabilística na ciência da computação // In Proceedings: AIP Conference Proceedings. Melville, Nova Iorque, Estados Unidos da América, 2021. C. 50060.

331. Kamynina N.R., Oznamets V.V., Tsvetkov V.Y.. Seleção de locais de aterragem para a nave espacial devolvida // In Proceedings: AIP Conference Proceedings. 2. Cep. "Actas da II Conferência Internacional sobre Avanços em Materiais,

Sistemas e Tecnologias, CAMSTech-II 2021" 2022. C. 060004.

332. Nomokonov I.B. Modelos visuais e sua semântica // Recursos e tecnologias educativas. - 2021. - № 4 (37). - C. 53-60.

333. Nomokonov I.B., Tsvetkov V.Ya. Multidimensionalidade da informatividade. // Aprendizagem à distância e virtual. - 2015. - №12(102). - c.74-80.

334. Tsvetkov V.Ya., Subocheva A.O., Ryazantseva M.V. Cognitive logic in management // In Proceedings: AIP Conference Proceedings. Melville, Nova Iorque, Estados Unidos da América, 2021. C. 50050.

335. Elsukov P. Yu. Lógica cognitiva // Fórum eslavo. -2020. - 3(29). -c.87-95.

336. Moratz, R., & Ragni, M. Raciocínio espacial qualitativo sobre a posição relativa de um ponto. // Journal of Visual Languages & Computing, 2008, 19(1), 75-98

337. Randell D. A., Cui Z., Cohn A. G. Uma lógica espacial baseada em regiões e conetividade //KR. - 1992. - V.92. - C. 165-176.

338. Del Bimbo A., Vicario E., Zingoni D. Uma lógica espacial para a descrição simbólica de conteúdos de imagens // Journal of Visual Languages & Computing. - 1994. - V.5. - №. 3. - C. 267-286

339. Tsvetkov V.Ya. Sistemas e tecnologias de geoinformação - M.: Finanças e Estatística, 1998. -288 c.

340. Bogoutdinov B.B., Tsvetkov V.Ya. Aplicação do modelo de recursos complementares na atividade de investimento // Vestnik of Mordovian University. -2014. - T. 24. № 4. - c.103-116

341. Eckert M., Joerg W. Sobre a natureza dos mapas e a lógica dos mapas //Bulletin of the American Geographical Society. - 1908. - V.40. - №. 6. - C. 344-351.

342. Kravets E. A. Lógica cartográfica (análise das questões do Estado e da proteção do ambiente): monografia - M.: Izd-vo MIIGAiK, 2010.160s.

343.	Lyutiy A.A. Linguagem cartográfica: essência, sistema, funções. - 2ª ed. - M.: GEOS, 2002. - 327 c.

344.	Bertrand Russell. Vagueness. Em John Slater, editor (1923) , *Essays on Language, Mind, and Matter 1919-26,* The Collected Papers of Bertrand Russell, páginas 145 - 154. Unwin Hyman, Londres

345.	Tsvetkov V. Ya. Modelos de informação espacial // Investigador europeu. №10-1(60). c.2386-2392

346.	Tarski, Alfred (1956). Fundamentos da geometria dos sólidos. Em *Logic, Semantics, and Metamathematics*, páginas 24-29. Clarendon Press, Oxford.

347.	Savinykh V.P. Mistura concetual em geocognição // Fórum Eslavo. - 2017. - 2(16). - c.19-24.

348.	Rosenberg, I. N.; Tsvetkov, V. Ya. Mistura espacial concetual na análise de objectos de infra-estruturas de transporte // Railways Science and Technology. - 2019. T.3.- 3(11). - c.3-16

Printed by Books on Demand GmbH, Norderstedt / Germany